Introduction

C'est un soir d'automne, le soir du 31 octobre très exactement. Un vent aigre agite les nuages et arrache les dernières feuilles des arbres avant de les faire tournoyer sur le sol imprégné d'odeurs humides. C'est la fin du jour, le début de la nuit, en cette période crépusculaire où la lumière et l'ombre se confondent sans qu'on puisse déterminer quand finit l'une et commence l'autre. En apparence, c'est un soir d'automne comme il y en a tant. Mais cependant, aussi bien dans les villes que dans les villages ou les campagnes perdues au fond des vallées, il y a quelque chose d'autre, quelque chose qui sort de l'ordinaire.

C'est d'abord le comportement des hommes et des femmes qui reviennent du travail. Ils paraissent détendus, sinon heureux. Ils s'attardent volontiers dans les bars ou, s'ils rentrent directement en leur logis, ils savent que le lendemain, ils rompront pour un jour le cycle infernal du travail. Ah !... c'est vrai... Le lendemain est un jour férié, ce qu'on appelait autrefois, sous l'Ancien Régime, une fête « carillonnée », donc une fête religieuse, que même la très laïque République française a maintenue dans le calendrier officiel, à la grande satisfaction de tous les citoyens, croyants ou incroyants.

C'est en effet la *Toussaint*. Pourtant, dans l'esprit de la plupart, c'est un jour triste. On se déplace en famille pour aller au cimetière porter des chrysanthèmes sur la tombe des chers disparus. Ce geste rituel de commémoration des défunts s'accompagne d'ailleurs d'une sorte de tristesse que le temps météorologique vient souvent confirmer. Quand il pleut ou que le ciel est « bas et lourd », comme l'a martelé Baudelaire en évoquant les coups de marteau nécessaires à l'édification d'un échafaud, ne dit-on pas que c'est « un temps de Toussaint », même si on est en plein printemps ?

Et puis, dès que la nuit devient plus sombre, des bizarreries font leur apparition. On frappe à la porte. On va ouvrir, et l'on se trouve en présence d'une étrange cohorte de garçons et de filles, souvent grimés ou recouverts de grandes étoffes blanches, ou encore arborant des masques grimaçants et la tête couverte de « chapeaux de sorcières » et poussant de lugubres « hou hou ! » à l'attention de celle ou de celui qui est venu ouvrir. Et ces enfants réclament soit des gâteaux, soit des bonbons, soit des pommes, soit quelques pièces de monnaie. On a tout intérêt à leur donner quelque chose, car sinon, ils sont capables de lancer quelque malédiction sur la maison et surtout de revenir la hanter pendant la nuit, dérangeant le sommeil des habitants ou le peuplant d'abominables cauchemars. Que se passe-t-il ?

C'est alors qu'on aperçoit sur le rebord de la fenêtre de ses voisins — si on en a ! — une énorme citrouille qu'on a vraisemblablement évidée et dans la carapace de laquelle on a percé des trous, figurant des yeux et une bouche. A l'intérieur, la flamme d'une bougie vacille au gré du vent. Cette représentation évoque une tête de mort grimaçante, et cela produit un effet saisissant, d'autant plus que tous les voisins — s'il y en a — semblent s'être donnés le mot et avoir agi de la même façon. Vraiment, on peut se demander ce que cela signifie.

Ce n'est pourtant pas l'époque du Carnaval, ni même le

temps de Noël. D'ailleurs, à Noël, on se garde bien d'exhiber des figures aussi grotesques. Malgré la récupération de cette fête profondément chrétienne par une population qui ne sait plus trop à quoi cela correspond mais qui subodore qu'il s'agit d'une commémoration sacrée excluant toute référence morbide ou diabolique, l'essentiel étant de se réjouir et surtout de banqueter. On se pose donc des questions, mais tout à coup, on se souvient que, depuis deux semaines au moins, les magasins arborent d'étranges et fantastiques décorations dans leurs vitrines. C'est à qui rivalisera, sinon de mauvais goût, du moins d'exagération : poupées représentant des diables passablement effrayants, des sorcières sur leurs balais ou se livrant à leurs opérations d'envoûtement, des monstres de toutes sortes, surgis de l'imaginaire le plus délirant, sans oublier de faux squelettes fort bien imités. On voit même, chez les pâtissiers, d'excellents gâteaux de formes horribles, des dragons en pâte d'amande, des gnomes en pain d'épice, des animaux tout droit issus de *Jurassic Park,* ruisselants de colorants, et des choux à la crème qui évoquent davantage des fantômes revêtus d'un suaire que les honorables végétaux où sont censés naître les petits garçons. Sans compter les affiches invitant la population à des bals ou à des manifestations diverses qui « sentent le soufre ». Et bien entendu, à l'étalage des marchands de légumes, une masse étonnante de citrouilles, dont certains sont travaillés comme ceux qui ornent les fenêtres des voisins.

Il est vrai que c'est la saison privilégiée où l'on cueille, avant le froid de l'hiver, ces cucurbitacées d'un volume parfois impressionnant, qui permettent aux mères de famille de proposer à leurs enfants de bonnes « soupes de courge » qu'ils rechignent à avaler.

De toute évidence, dès le soir du 31 octobre, il règne une curieuse ambiance sur l'Europe occidentale, et cette ambiance, à peu près absente de la presque totalité du XXe siècle, connaît depuis une dizaine d'années un succès qui va croissant, à un point tel que ces manifestations sont en passe de devenir une institution comparable à celles de Noël, du nouvel an et, dans une moindre mesure, car ces fêtes se sont considérablement affaiblies, le mardi gras et la mi-carême. Il s'agit d'*Halloween.*

Le terme n'évoque rien pour les francophones, qui l'adoptent cependant sans trop savoir ce dont il s'agit. Il est beaucoup plus familier aux Anglo-Saxons, d'une part parce que c'est du vieil anglais, d'autre part parce que cette fête, apparemment folklorique et très populaire, n'a jamais cessé d'être célébrée dans les îles Britanniques et aux Etats-Unis. Le propre des fêtes dites populaires est de provoquer l'enthousiasme dans toutes les classes d'une société déterminée. C'est le cas pour cette mystérieuse *Halloween.*

On doit d'abord réfléchir sur la date : la nuit précédant le premier jour du mois de novembre, ce qui n'est pas un hasard. Et la veille du 2 novembre qui, dans le calendrier liturgique de l'Eglise catholique romaine, correspond à la fête des Morts. Là non plus, ce n'est pas un hasard.

D'ailleurs, pour le sens commun, la Toussaint — qui est pourtant, par sa nature même, une fête de joie — est toujours confondue avec le jour des Morts. Cela explique et justifie le fleurissement des tombes, geste rituel qui est à la fois la manifestation du souvenir de ceux qui ne sont plus et un hommage respectueux à leur égard, dans une sorte de « culte des ancêtres » qui ne veut pas dire son nom.

L'Eglise catholique romaine, comme les diverses Eglises protestantes, a toujours encouragé, tout en refusant énergiquement toute référence à un culte des ancêtres, les actes de piété accomplis le 1er et le 2 novembre. La Toussaint étant littéralement la fête de *tous les Saints,* reconnus officiellement ou non, il ne pouvait en être autrement puisque le dogme chrétien suppose que tout défunt peut, en fonction de ses mérites, être admis parmi les Elus. Mais où l'Eglise romaine ne peut plus s'aventurer, c'est dans le domaine profane des manifestations carnavalesques d'*Halloween*. C'est pourquoi, à la veille de la Toussaint de l'an 1999, les évêques de France ont publié un texte les condamnant sévèrement au nom de la dignité et du respect que l'on doit aux défunts et à la Communion des Saints.

D'un point de vue logique, cette condamnation se défend parfaitement puisqu'elle dénonce les abus et les excès inévitables qui accompagnent ce genre de manifestations. Mais, d'un point de vue liturgique, elle se retrouve en porte à faux par rapport aux archétypes qui ont provoqué, d'une part, ces manifestations carnavalesques, et d'autre part, leur récupération proprement religieuse, sous forme épurée, par l'Eglise elle-même qui ne pouvait faire autrement. Il est, en effet, inexact de prétendre que les rituels *profanes* d'*Halloween* sont les dégénérescences des cérémonies religieuses célébrées à l'intérieur du sanctuaire : en réalité, nous le verrons plus loin, ce sont ces rituels profanes tant décriés qui sont à l'origine des cérémonies chrétiennes.

Au reste, il semble que cette condamnation, de la part des évêques de France, soit bien tardive. Dans le passé, l'Eglise ne s'est pas privée d'intervenir dans de nombreuses circonstances de la vie publique, même sur des cas qui ne le méritaient pas. Ainsi en a-t-il été du « Père Noël », jugé païen, et pourtant bien répandu dans les familles chrétiennes. Il est vrai que l'Eglise romaine rejoignait là l'austérité des Eglises protestantes, des calvinistes notamment, pour lesquelles toute fête comportant des réjouissances est non seulement inutile mais pernicieuse parce qu'elle détourne du seul souci que doit avoir l'être humain, celui d'assurer son salut. La fête fait partie de ces « puissances trompeuses » qui, selon Pascal, dressent un écran de fumée entre la vie quotidienne et son but suprême. Ne pouvant cependant extirper la fête, quelle qu'elle soit, le christianisme, dans son ensemble, s'est efforcé de la canaliser et de lui donner une finalité en accord avec ses dogmes fondamentaux.

Mais, dans le cas d'*Halloween,* c'est la brusque résurgence des festivités profanes et leur succès croissant, vers les années 1990 en France, qui ont provoqué cette réaction des évêques, dont le nom, il faut le rappeler, signifie, au sens étymologique, ni plus ni moins que « surveillants » (du grec *epi-skopein,* « observer au-dessus »).

Alors, une question se pose : d'où provient ce brusque engouement pour de telles manifestations folkloriques à la fois macabres, impertinentes et empreintes de toute une série de fantasmes issus de la mémoire collective ? Généralement, la réponse est : cela nous vient d'Amérique. Certes, depuis le début de ce siècle, en fait depuis la Première Guerre mondiale à laquelle les Européens ont pu mettre fin grâce à l'intervention des Etats-Unis, ce qu'on appelle le « modèle américain » s'est peu à peu imposé dans toute l'Europe — et dans le monde entier —, et considérablement renforcé après la Seconde Guerre mondiale. Cette influence du modèle américain s'est fait ressentir sur tous les plans, les meilleurs (en science et en technologie, notamment) mais aussi les pires (les « gratte-ciel », ces *tours infernales,* l'agriculture intensive, l'utilisation abusive des produits chimiques, etc.), et surtout la *mode,* cette absurdité digne des moutons de Panurge.

Certes, la mode d'*Halloween* provient de l'imitation de ce qui se passe depuis fort longtemps aux Etats-Unis. Mais fort heureusement, il arrive que des enfants, grimés et déguisés, le soir du 31 octobre, à la question *d'où cela vient-il ?* répondent de façon nette et précise : *d'Irlande*. Et c'est la vérité, tout au moins une partie de la vérité. Car s'il est exact que les manifestations carnavalesques d'*Halloween* en France et sur le continent européen ont été provoquées par le modèle américain, elles n'en sont pas moins originaires d'Europe occidentale, en particulier des îles Britanniques où elles n'ont jamais cessé d'être à l'honneur.

A la réflexion, cela paraît tout à fait normal : les Américains sont, dans leur grande majorité, des descendants d'émigrés européens venus chercher fortune outre Atlantique. Si l'on excepte la composante amérindienne autochtone (passablement réduite par la faute même de ces émigrés conquérants, colonisateurs et volontiers massacreurs), la tradition américaine est un *melting pot* parfois bien confus entre diverses traditions européennes, dans lesquelles dominent les cultures anglo-saxonne et celtique. New York est incontestablement la plus grande ville irlandaise du monde, ce qui laisse supposer l'importance de l'apport irlandais à la mentalité américaine, et par conséquent l'influence que l'Irlande a pu exercer sur certaines coutumes populaires spécifiques, à présent tombées dans ce qu'on appelle le domaine public.

Mais les apports venus d'ailleurs, lorsqu'ils sont intégrés dans une nouvelle culture, ne sont jamais gratuits : de toute évidence, ils correspondent à un besoin fondamental de la part de ceux qui l'accueillent et l'intègrent dans leur propre culture. Tout phénomène populaire, coutume, croyance, rituel, appartient à une mémoire collective, autrement dit à des mythes fondamentaux qui, en eux-mêmes, sont vides de sens. Seule une concrétisation, autrement dit une véritable « incarnation » dans un milieu social spécifique, avec les termes qui conviennent, peut leur donner vie et par conséquent les rendre intelligibles.

C'est le cas d'*Halloween*. D'abord, ce n'est pas un phénomène isolé, puisqu'il est répandu dans de nombreux pays de la planète, bien que ceux qui pratiquent le rituel de cette fête-mascarade ne sachent plus très bien ce qu'elle signifie réellement. *Halloween* a été transmise de génération en génération par voie orale. Il s'agit donc bel et bien d'une tradition, au sens strict du terme, c'est-à-dire « quelque chose que l'on transmet » même si on a oublié le pourquoi et le comment de ce que l'on transmet.

Les rituels, les contes oraux, les dictons sont peut-être

les seuls témoignages authentiques d'une tradition universelle unique à l'origine, mais qui s'est fragmentée au cours des millénaires. Le sens profond en est souvent perdu, et seule en demeure l'ossature autour de laquelle peut se développer sinon un récit mais une véritable liturgie, ce que Jung appelle des *archétypes,* mais qui seraient plutôt des thèmes mythologiques errants ayant perdu tout lien logique avec le noyau central.

Car la logique, telle qu'on l'entend depuis Aristote, est absente d'un tel débat. Seul compte le rapport de l'événement, en l'occurrence le rituel d'*Halloween,* avec ce qui l'a provoqué. Et c'est par l'histoire des mentalités qu'on peut essayer de définir ce rapport, compte tenu de certaines directions dues à des informations glanées çà et là dans l'Histoire proprement dite.

Pour ce qui est d'*Halloween,* toutes les directions — qui peuvent se multiplier, s'égarer ou se retrouver dans des impasses — partent néanmoins d'un même point central : quelque part dans les pays celtes insulaires. C'est là qu'il faut en chercher l'origine.

Alors, si l'on veut comprendre le sens de cette fête carnavalesque d'*Halloween* et les raisons profondes de son lien avec la fête chrétienne de la Toussaint — dont elle n'est en réalité qu'un des aspects — il importe de remonter le cours des siècles, en quelque sorte à la recherche du temps perdu, ou plutôt du temps oublié, en allant explorer des zones ombreuses qui ont abrité non seulement leur développement mais également leur justification. Et il est certain que les surprises ne manqueront pas.

Première partie

LA FÊTE CELTIQUE DE SAMAIN

Halloween est-elle une fête profane ou une fête religieuse ? La question se pose actuellement dans le cadre d'une société laïque qui part du principe que la vie quotidienne, et par conséquent civile et civique, et la vie spirituelle, autrement dit l'appartenance à telle religion ou à tel courant de pensée, n'ont aucun point commun puisque le citoyen est libre de penser ce qu'il veut. Ce principe est celui de la tolérance, mais d'une tolérance mal comprise. Car, dans toutes les anciennes sociétés, la vie spirituelle n'était en rien séparée de la vie matérielle. Aussi n'y avait-il aucune distinction entre le *sacré* et le *profane* — deux termes qui n'avaient aucun sens — et l'on doit bien admettre qu'*Halloween* est une fête à la fois sacrée et profane.

En effet, le mot *Halloween,* incontestablement anglo-saxon, provient d'une contraction, sans doute populaire de *All-(saints)-even,* ce qui signifie littéralement « veille de tous les saints », avec un glissement de sens : « soirée sainte » ou « soirée sacrée ». La référence est on ne peut plus chrétienne. Et on ne peut plus explicite…

Or le christianisme, on le sait bien, est venu se greffer sur les antiques religions qui avaient leurs usages et leurs croyances. La longue lutte menée par les Pères de l'Eglise contre les survivances du paganisme, puis les injonctions pontificales ou synodales contre des pratiques considérées comme diaboliques montrent fort bien que la religion chrétienne n'a jamais pu éliminer certains concepts hérités de la nuit des temps. Et ne pouvant les éliminer, l'Eglise chrétienne les a absorbés en leur donnant en quelque sorte leur certificat de baptême. C'est ainsi que la période de Noël, qui correspond au solstice d'hiver, reproduit exactement le renversement des valeurs qui s'opérait dans la société romaine à l'époque des Saturnales : à ce moment, le roi devenait sujet, le sujet devenait roi, le maître devenait esclave, l'esclave devenait maître. Qu'y a-t-il de différent dans le fait que Jésus, *Dieu incarné,* naisse dans le plus complet dénuement à l'intérieur d'une grotte misérable au milieu des pires courants d'air de l'hiver ? D'ailleurs, cette grotte — rapidement transformée en étable — ne rappelle-t-elle pas le mythe de Mithra, le dieu oriental, le *Sol Invictus,* qui naît miraculeusement des flancs d'une grotte *vierge,* et cela le soir du 24 décembre ? En établissant leur calendrier liturgique, les chrétiens ont puisé là où ils le pouvaient, c'est-à-dire dans les calendriers des sociétés dites païennes qui avaient précédé l'époque christique.

Il en est de même pour la fixation au 1er novembre de la date où l'on commémore tous les saints « passés, présents et à venir ». Car, malgré les nuances qu'il convient d'apporter à une datation trop précise, et donc trop formelle pour correspondre à une réalité, on doit convenir que la fête chrétienne de la Toussaint et les manifestations carnavalesques d'*Halloween* se situent exactement à l'époque où, du temps des druides, les Celtes célébraient la grande fête de *Samain.*

La fête de Samain dans le calendrier celtique

Depuis le haut Moyen Age, la vie de l'Europe occidentale est rythmée sur le calendrier dit « grégorien » (dû au pape Grégoire le Grand), qui n'est d'ailleurs qu'une simple réforme du calendrier dit « julien », inspiré à ce qu'il paraît par Jules César. C'est un calendrier solaire, qui repose sur une année de 365 jours et quart, avec une année bissextile tous les quatre ans, et qui suit étroitement la course ellipsoïdale de la Terre autour du Soleil. Cela permet la répétition annuelle de certaines fêtes à des dates fixes, comme la fête de Noël, au 25 décembre, ou plus prosaïquement celle de l'Armistice de 1918 le 11 novembre ou celle de la prise de la Bastille le 14 juillet.

Cet indéniable aspect pratique ne doit pas masquer une tout autre réalité calendaire. Depuis la plus lointaine Antiquité, pour ne pas dire la préhistoire, il a existé — et il existe encore — différentes façons de comptabiliser et d'ordonner les jours de l'année. On peut en effet s'étonner que la grande fête chrétienne de Pâques ne soit jamais à la même date selon l'année (et que la date de la même fête soit calculée différemment chez les chrétiens orthodoxes). C'est parce que l'Eglise chrétienne, dès ses origines, a voulu greffer son cycle liturgique sur des données hébraïques : la Passion de Jésus-Christ et sa résurrection sont intimement liées à la Pâque juive. Or, les Juifs n'avaient pas un calendrier de type solaire, mais un calendrier de type lunaire, construit sur le cycle immuable des vingt-huit jours de la lunaison, c'est-à-dire sur la durée réelle du parcours complet de la Lune autour de la Terre. Cela explique d'ailleurs assez bien les querelles qui ont éclaté dans les premiers temps du christianisme (notamment entre les chrétientés celtiques insulaires et les continentaux inféodés à l'Eglise romaine) à propos de la datation de la fête de Pâques [1].

Mais le calendrier des peuples celtes est lui aussi de type lunaire. On le sait, d'une part, grâce à un calendrier gaulois en bronze découvert à Coligny (Ain), conservé au Musée

1. A ce propos, voir J. Markale, *Le Christianisme celtique et ses survivances populaires*, Paris, éd. Imago, 1986, et *Le Périple de saint Colomban*, Genève, éd. Georg, 2000.

archéologique de Lyon, qui avait été brisé et qui se présente en cent quarante-neuf fragments, d'autre part grâce à d'innombrables textes irlandais en langue gaélique, transcrits par des moines chrétiens mais indiscutablement d'une origine orale traditionnelle. On en vient à considérer que l'année celtique était divisée en douze mois lunaires de vingt-huit jours, avec un treizième mois intercalaire destiné à faire coïncider le cycle lunaire et le cycle solaire. Et, bien entendu, cela suppose que toutes les fêtes celtiques, qui dépendaient du cycle lunaire, ne pouvaient jamais être célébrées à la même date, comme c'est le cas pour la fête chrétienne de Pâques, laquelle entraîne fatalement une datation mobile de l'Ascension et de la Pentecôte, deux fêtes liées étroitement à celle de la Résurrection du Christ. On s'aperçoit ainsi que le problème posé par le festiaire celtique est loin d'être simple, et qu'il convient de replacer *Halloween,* c'est-à-dire en fait la grande fête druidique de *Samain* dans son contexte originel. Le calendrier chrétien vise à l'universalité et à une sorte d'éternel retour, mais le calendrier celtique se préoccupe davantage des interférences entre les êtres vivants et le cosmos considéré comme une totalité indivisible.

C'est ce rapport étroit entre l'être et le cosmos qui conditionne, chez les Celtes, le déroulement du temps tout au long de l'année. Mais contrairement à ce qui se passe chez les Romains, les étapes de ce temps ne sont pas fixées de façon régulière, statique même, donc purement symbolique : elles sont modulables, épousant un rythme cosmique qu'on pourrait comparer à une lente respiration comprenant une succession irrégulière d'inspirations et d'expirations.

On pourrait croire que, pour être en harmonie avec ce souffle cosmique, il suffit d'observer scrupuleusement les points les plus marquants de l'année solaire, à savoir les solstices et les équinoxes. Or, il n'en est rien chez les Celtes : *aucune fête celtique n'est célébrée au solstice ni à l'équinoxe* [1]. Les quatre dates essentielles qui ponctuent l'année celtique présentent un décalage de quarante à cinquante jours par rapport au solstice ou à l'équinoxe. C'est un fait, et il est impossible d'en connaître la raison exacte. Compte tenu du témoignage formel de César — corroboré par d'autres auteurs grecs et latins — selon lequel les druides « discutent aussi beaucoup des astres et de leurs mouvements, de la grandeur du monde et de la terre [2]... », ce n'est pas par méconnaissance astronomique que ces grandes fêtes ont été ainsi décalées. Les druides savaient parfaitement ce qu'ils faisaient et même s'il est impossible de connaître leur raisonnement profond, on peut cependant supposer que leurs calculs calendaires étaient établis en fonction du cycle lunaire.

Ce cycle lunaire, omniprésent, provoque bien d'autres spécificités. Toujours selon le témoignage de César, les Gaulois considèrent la tombée de la nuit comme le début de la journée officielle [3], coutume que l'on retrouve d'ailleurs chez les Juifs, qui suivent eux aussi un calendrier lunaire. De plus, l'habitude celtique est de faire commencer le mois de vingt-huit jours la nuit de la pleine lune Par conséquent, si l'on date les principales fêtes de l'année celtique au 1er novembre, au 1er février, au 1er mai et au 1er août, c'est seulement par commodité : en réalité, la fête en question se situe nécessairement la nuit de la pleine lune la plus proche. Ce sont autant d'observations indispensables pour comprendre la nature et la signification de *Samain*.

D'après les anciens textes gaéliques d'Irlande, l'année

1. Contrairement à ce que prétendent les néo-druides actuels et autres celtomanes qui s'obstinent à célébrer les rituels les plus fantaisistes à l'occasion du solstice d'été notamment. Les fêtes solsticielles sont beaucoup plus anciennes : elles remontent à la préhistoire et tout laisse à penser qu'elles étaient très pratiquées pendant l'âge du bronze. Les fameux « feux de la Saint-Jean » en sont les lointains prolongements.

2. *De Bello Gallico,* VI, 13.

3. Il en reste quelque chose dans le vocabulaire anglais où le mot *fortnight,* désignant la quinzaine, le demi-mois, signifie en réalité « quatorze nuits ».

celtique — du moins dans les îles Britanniques, rien n'étant prouvé chez les Celtes continentaux — était partagée en deux parties égales, deux saisons en quelque sorte, la moitié sombre, donc l'hiver, commençant à *Samain,* au 1er novembre, et la moitié lumineuse, donc l'été, commençant à *Beltaine,* le 1er mai. Et au milieu de chaque moitié se situait une fête intercalaire, *Imbolc* au 1er février, et *Lugnasad* au 1er août. Mais traditionnellement, l'année commençait à *Samain.*

Cela n'est pas une hypothèse, mais une certitude confirmée par ce fameux calendrier de Coligny, unique témoignage gaulois d'un calendrier celtique préchrétien. Encore faut-il émettre des réserves quant à sa valeur, car non seulement il est en contradiction avec le principe druidique du refus de l'écriture, mais il a été fabriqué à l'époque romaine, donc il risque d'avoir été altéré par rapport à une tradition authentiquement celtique. Au reste, si on compare ce calendrier de Coligny avec ce que l'on sait du calendrier irlandais du haut Moyen Age, on ne peut être que déçu : en effet, seul le nom gaulois de *Samonios* correspond au nom gaélique de *Samain.* Les noms des autres mois de ce calendrier gaulois sont complètement différents de ceux qui étaient utilisés en Irlande médiévale et qui sont encore d'usage courant de nos jours en langue gaélique.

Ainsi, le nom du mois de novembre, en gaélique contemporain, est *Samain,* qui est donc identique au *Samonios* gaulois. A la rigueur, on peut retrouver *Samain* dans le nom du mois de juin, *meitheamh* (gallois *Mehefin,* breton-armoricain *mezheven*) provenant d'un ancien *medio-samonios* (« milieu de l'été »). Tous les autres mois de l'année sont soit empruntés au latin (*Eanair,* janvier, *Feabhra,* février, *Marta,* mars, *Abran,* avril et *Iul,* juillet), soit périphrastiques, tels *Mean Fomhair,* septembre (« milieu de l'automne), *Deire Fomhair,* octobre (« fin de l'automne ») et *Mi na Nodlag,* décembre (« mois de Noël »), soit des noms des anciennes fêtes celtiques,

Beltaine, mai, et *Lunasa,* août. Il est évident que ces termes n'ont rien à voir avec le calendrier de Coligny, où *Riuros* désigne janvier, *Anagantios,* février, *Ogronios,* mars, *Cutios,* avril, *Giamonios,* mai, *Simivisonnos,* juin, *Equos,* juillet, *Elembivios,* août, *Edrinios,* septembre, *Cantlos,* octobre, et après *Samonios, Dumannios,* décembre.

Le mot *Samain,* en gaélique actuel, désigne donc le mois de novembre, et il ne peut être que la réminiscence de l'ancienne fête druidique célébrée au début du mois lunaire, à la pleine lune la plus proche du 1er novembre. Quand il s'agit de la Toussaint, c'est-à-dire le 1er novembre, on dira *Lâ Samhna,* littéralement « jour de *Samain* ». Le nom lui-même, à une époque où l'orthographe n'était pas encore fixée, prend différentes formes, *Samain, Samhain, Samhuin,* ou encore *Samfuin.* Et sa signification est sans équivoque : c'est « l'affaiblissement de l'été », ou « la fin de l'été ». Et, dans une Europe du Nord-Ouest, soumise à un climat océanique doux et humide, où il n'y a guère que deux saisons fondamentales, l'été et l'hiver, l'étymologie est conforme avec la réalité calendaire. En Bretagne armoricaine, c'est à la Toussaint qu'on entre dans ce qu'on appelle les « mois noirs », *mis du,* novembre (littéralement « mois noir ») et *mis kerzu,* décembre (littéralement, « mois très noir »).

Cette datation de *Samain* renvoie à la plus lointaine préhistoire des Celtes et amorce une explication possible et plausible du choix de cette place calendaire, laquelle ne se justifierait pas, du moins dans l'état actuel des informations dont on dispose à ce sujet. En effet, l'entrée dans les « mois noirs » signifie effectivement un changement du rythme de la vie quotidienne. En été, en fonction d'une température douce et agréable, on laisse les troupeaux dans les pâturages. Mais à partir du moment où une certaine fraîcheur se fait sentir, où l'herbe est moins abondante dans les prés, il est nécessaire de rentrer les troupeaux à l'étable et de les protéger pendant la période hivernale. Il en est ainsi dans toutes les sociétés de type pastoral, dont toute la richesse est concentrée sur les troupeaux.

Car l'étude des coutumes et des lois chez les peuples celtes, notamment celles de l'Irlande paléochrétienne sur lesquelles on dispose d'abondantes informations, prouve que la société celtique est originellement de type pastoral. Les Celtes, tous peuples confondus, ont d'abord été des pasteurs nomades qui, peu à peu, du moins sur le continent, se sont fixés sur des terres riches qu'ils ont cultivées et mises en valeur, développant du même coup les techniques de l'agriculture, notamment par l'invention du soc de charrue en fer et par celle d'une sorte de moissonneuse-batteuse, comme celle qui est exposée au musée de Trêves en Allemagne. A l'époque de César, la Gaule était, comme la Sicile, un véritable grenier à blé, et le pain gaulois était renommé pour sa grande qualité.

Mais si les Gaulois étaient devenus agriculteurs, ou plutôt fermiers, c'est-à-dire pratiquant à la fois l'élevage et l'agriculture, ce n'était pas le cas en Irlande à la même époque, et bien plus tard encore. Aujourd'hui même, l'Irlande est essentiellement un pays d'élevage. Cela implique une longue tradition pastorale qu'on peut reconstituer dans les structures sociales telles qu'elles apparaissent tant dans les traités plus ou moins juridiques ou techniques que dans les récits épiques du domaine gaélique.

Demeurée longtemps à l'écart des turbulences continentales, et n'ayant jamais été intégrée à l'Empire romain, l'Irlande constitue en effet un authentique conservatoire de traditions et de coutumes archaïques qui font plonger dans un très lointain passé. C'est d'abord l'existence de petits royaumes indépendants les uns des autres, en fait des « tribus » *(tuatha)* qui sont les héritières des familles pastorales nomades d'autrefois, lesquelles familles se déplaçaient avec leurs troupeaux à la recherche de bons pâturages, risquant à chaque fois de se heurter violemment à d'autres tribus elles-mêmes à la recherche de pâturages. Cela explique assez bien les luttes perpétuelles et sanglantes qui ont secoué l'Irlande pendant tout le Moyen Age, et ce manque d'unité qui caractérise fondamentalement n'importe quelle collectivité d'origine celtique. Certes, cette « anarchie » a conduit les peuples celtes sous le joug d'adversaires beaucoup plus unitaires, comme les Romains, les Vikings, les Anglo-Saxons, puis les Anglo-Normands. On peut la considérer comme une faiblesse congénitale. Mais elle constitue aussi une extraordinaire tentative pour créer une société plus juste, plus responsable et finalement plus égalitaire [1].

Sans entrer dans les détails, il convient de rappeler les grandes lignes de cette vision très particulière qu'ont les peuples celtes des rapports si délicats entre le collectif et l'individuel. Ces rapports ne sont, semble-t-il, jamais conflictuels, comme c'est le cas dans les sociétés postindustrielles issues du XIXe siècle : ils reposent sur la reconnaissance des droits et des devoirs des individus au sein d'une collectivité, en pleine conscience des responsabilités réciproques, et surtout dans la conscience qu'on peut avoir d'être à la fois *singulier* et membre à part entière d'une communauté [2].

Il n'y a pas de propriété individuelle, mais une propriété collective, contrairement à ce qui se passe à Rome où le *pater familias* est le titulaire absolu des biens de la famille. D'ailleurs, pourquoi posséder des terres ? Un vieil adage irlandais déclare que « le royaume s'étend jusqu'où peut aller le regard du roi ». C'est reconnaître que les terres

1. Je me suis exprimé longuement sur ce point dans *La Femme celte*, première version, Paris, 1972, reproduite en allemand, *Die Keltische Frau*, Munich, 1984, abrégée en anglais, *Women of the Celts*, Rochester, Etats-Unis, 1992, seconde version française revue et corrigée, Paris, 1989, ainsi que dans *Le Roi Arthur et la Société celtique*, Paris, 1976, version anglaise revue et augmentée, *King of Kings*, Rochester, Etats-Unis, 1994.

2. Au XIXe siècle, seul le socialiste utopique Charles-Louis Fourrier a défini l'essentiel de cette conception de la vie dans ses thèses sur le « phalanstère » et sur ce qu'il appelle les « affinités électives ».

appartiennent à ceux qui les occupent, en pleine communauté, et que c'est au roi, équilibrateur de la société, garant des contrats, garant de la répartition des biens entre tous les membres de la communauté, de protéger ou d'agrandir les herbages nécessaires à la prospérité des troupeaux, source à peu près unique du bien-être de la tribu dont il a la charge.

Il n'y a donc de frontières au royaume ou à la tribu que là où la puissance du roi (ou du petit chef de clan, pour ne pas dire « roitelet ») peut s'exercer, ce qui d'ailleurs limite singulièrement son champ d'action et le met en face d'autres personnages de son rang prêts à lutter contre lui pour la survie de leur propre tribu. Mais le roi (ou le roitelet, ou le chef de clan) ne peut pas tout faire. Il délègue donc certains de ses pouvoirs à des individus qu'il juge aptes à assumer la mission qu'il leur confie, cela suivant leurs compétences et leur personnalité. Ce ne veut pas dire pour autant que le « délégué » soit propriétaire d'un troupeau ou d'un pâturage : ce délégué n'est en fait qu'un *gérant* et, en tant que tel, il doit rendre des comptes sur sa gestion aussi bien à ses concitoyens qu'au roi lui-même, chargé d'assurer l'équilibre entre tous les membres de la société.

Ainsi s'est instauré, dans l'ancienne Irlande, un véritable « contrat de cheptel » : le roi confie à un membre de la tribu le soin d'un troupeau, à charge pour lui d'en faire partager les produits à l'ensemble de la communauté. Certes, il y a, dans la société celtique archaïque telle qu'elle transparaît dans les textes gaéliques, bien d'autres formes de contrat, celle qui concerne le forgeron, maître essentiel de la métallurgie et de l'évolution technologique, celle qui concerne le guerrier, sans lequel le roi est impuissant en face d'un quelconque ennemi éventuel, celle qui concerne le porcher, responsable des troupeaux de porcs, ces animaux constituant l'essentiel de l'alimentation carnée des peuples celtes, celle du récoltant d'orge, cette céréale étant indispensable à la fabrication de la bière — et de son corollaire, le *whiskey,* celle de l'apiculteur responsable de la production du miel, élément nécessaire à la fabrication de l'hydromel, breuvage d'immortalité, aussi bien qu'à la fabrication du pain, des galettes ou des bouillies, seuls aliments végétaux consommés à cette époque.

Il faut savoir que la principale nourriture des Gaëls, pour ne pas dire de tous les Celtes, était le lait et les dérivés du lait, non sous forme de fromages (la technique du fromage telle qu'on la pratique actuellement leur était non seulement inconnue mais impossible en pays trop humide), mais sous forme de lait caillé (lait aigre naturel, équivalent du yaourt, lait doux, c'est-à-dire obtenu grâce à de la présure), et bien entendu de beurre. Et quand les vaches ne donnaient plus de lait, on les abattait et on en consommait la viande, celle-ci étant bouillie et non rôtie, selon l'usage celtique qui s'est perpétué dans les îles Britanniques au grand désespoir des continentaux, mais à la grande satisfaction des adeptes d'une diététique dite — parfois abusivement — biologique.

Mais l'élevage des bovins, s'il demeure l'essentiel de l'activité économique des Gaëls d'Irlande, et probablement de tous les peuples celtes à l'origine, se double par l'élevage des troupeaux de porcs, lesquels constituent une richesse presque égale à celle des troupeaux de bovins. La quatrième branche du cycle mythologique gallois, réuni sous la dénomination globale et forcément artificielle de *Mabinogi,* fait état de l'apparition des porcs dans la vie quotidienne des Bretons — insulaires — qui ne connaissaient pas cet animal « domestique » et qui en étaient toujours à cette « chasse au sanglier » si chère à Astérix et à Obélix. Le porc, par rapport au sanglier sauvage, est une richesse prodigieuse : la domestication des cochons sauvages, autrement dit des sangliers, que l'on se bornait autrefois à chasser, a changé la vie des Celtes et leur a permis d'assurer leur subsistance pendant de longs siècles.

C'est ce souvenir que véhicule le récit de la quatrième branche du *Mabinogi* gallois, en faisant intervenir, dans cette obtention du porc domestique, le magicien Gwyddion, sorte de démiurge transmetteur des secrets divins. Mais la tradition gaélique d'Irlande n'est pas en reste à ce propos, puisqu'elle nous présente un « Festin d'immortalité » où l'on consomme abondamment de la viande de porc, laquelle procure l'immortalité aux *Tuatha Dé Danann,* les dieux de l'Irlande préchrétienne, lorsque, vaincus par les Fils de Milé à la bataille de Tailtiu, ils durent partager la terre d'Irlande avec leurs vainqueurs et se réfugier dans les tertres souterrains (autrement dit dans les monuments mégalithiques) que la tradition nomme l'univers du *sidh.*

Peuples de pasteurs et d'éleveurs de bovins — pour les laitages et la viande — et de porcs, nourriture propice à procurer l'immortalité, tels sont les Celtes, tout au moins les Gaëls d'Irlande, ceux qui ont conservé le plus authentiquement la tradition des origines.

Dans ces conditions, on ne peut que comprendre la datation de la principale fête de ces peuples à la pleine lune la plus proche du 1er novembre : c'est la fin de l'été, il importe de protéger les troupeaux — de bovins ou de porcins — qui constituent non seulement la richesse mais la survie de la collectivité. Après avoir engrangé les récoltes de l'été, après avoir fait provision de foin et de denrées diverses, on rentre les troupeaux dans des abris et, muni des provisions que l'on a accumulées, on est prêt à passer les *mois noirs* dans les meilleures conditions. Dans les étables, les vaches donneront toujours du lait, et les cochons fourniront une nourriture presque inépuisable, comme en témoigne la légende selon laquelle les cochons du « dieu » Mananann (lequel présidait le fameux Festin d'Immortalité » des *Tuatha Dé Danann*), lorsqu'ils étaient tués le soir, renaissaient en pleine santé le lendemain matin.

Légende, bien sûr… Mais les légendes, qui sont au sens étymologique *ce qu'on doit transmettre,* ne sont que les symboles d'une vérité traditionnelle véhiculée d'une génération à l'autre. Et ces légendes reposent toujours sur une réalité dont on ne comprend plus le sens profond parce qu'on n'en possède plus le code d'accès. Il y a pourtant un fait certain : dans un cadre de société essentiellement de type pastoral, la fête d'*Halloween,* héritière de la *Samain* celtique, est parfaitement à sa place dans le calendrier, à la fin de l'été, au début de l'hiver, aux alentours du 1er novembre.

Les rituels de Samain

Les récits épiques et mythologiques irlandais fournissent d'abondants détails sur le déroulement de la fête de *Samain,* mais, trop souvent, ces détails sont présentés en désordre, — parfois hors de leur contexte — et même en contradiction. Ainsi en est-il de la durée de la fête. En principe, il s'agit de la *nuit* de *Samain,* mais c'est une nuit symbolique que l'on retrouve évidemment dans la célébration d'*Halloween,* à partir du coucher du soleil, le 31 octobre. La durée réelle varie selon les textes. On dira ainsi « les trois jours de *Samain* », ou plutôt « les trois nuits de *Samain* », et l'on remarquera alors que ce décompte correspond étroitement à une brève indication recueillie sur le calendrier gaulois de Coligny, à savoir l'inscription — altérée, mais restituée, — *Trinoux[tion] samon[i] sindiv[os],* ce qui peut se traduire par « les trois nuits de *Samonios* commencent aujourd'hui [1] ». Mais, dans certains récits, il est également fait mention des trois jours avant *Samain* et des trois jours après *Samain,* ce qui revient à dire que cette fête dure sept jours.

1. Voir F . Le Roux et Ch.-J. Guyonvarc'h, *Les Fêtes celtiques,* Rennes, éd. Ouest-France, 1995, pp. 78-80.

Quoi qu'il en soit de sa durée, *Samain* apparaît indubitablement comme une « fête d'obligation » au sens chrétien de l'expression, mais avec une valeur renforcée. Le récit de *la naissance de Conchobar,* après avoir signalé les « trois nuits avant » et les « trois nuits après », présente le roi d'Ulster servant lui-même, dans sa forteresse d'Emain Macha, les convives, ceux-ci étant fort nombreux, car « tout homme des Ulates qui ne venait pas lors de la nuit de *Samain* à Emain perdait la raison et l'on dressait son tumulus, sa tombe et sa pierre le lendemain matin [1] ».

L'indication est précieuse : il existe une obligation qui concerne tous les hommes — et aussi toutes les femmes — appartenant à la tribu, quel que soit leur rang social. D'autres textes le prouvent : « Il ne venait pas de roi sans sa reine, de chef sans son épouse, de guerrier sans [...], il ne venait pas un plébéien sans sa concubine, ni un aubergiste sans sa compagne, ni un garçon sans sa bien-aimée, ni une fille sans son amoureux, ni un homme sans art [2]. » Et si dans les festins qui se prolongeaient outre mesure — symboliquement « trois jours et trois nuits » — une hiérarchie très stricte était observée pour la place de chacun et pour les mets et les boissons que l'on servait aux uns et aux autres, si les femmes prenaient généralement place dans une autre salle, tous les membres de la communauté, royaume ou simple tribu, étaient présents autour du roi lors de la célébration de *Samain* [3].

Ce qui est remarquable, en tout cas, c'est le châtiment inexorable infligé à ceux qui s'abstiennent de participer à

1. Trad. Guyonvarc'h, *Ogam,* X, p. 61. Le tumulus, ou tertre, désigne un monticule formé de pierres et de terre ; la tombe est le coffre qui contient le défunt et la pierre est un pilier dressé près du tertre, avec une inscription généralement en caractères oghamiques.

2. « La Fondation du domaine de Tara », trad. Guyonvarc'h, *Textes mythologiques irlandais,* Rennes, 1980, p. 157.

3. On pourra lire sur ce sujet deux récits fondamentaux, « L'Ivresse des Ulates » dans J. Markale, *La Grande Epopée des Celtes,* vol. 2 *(Les Compagnons de la Branche rouge),* Paris, éd. Pygmalion, 1997, et « Le Festin de Bricriu » dans le vol. 3 *(Le Héros aux cent combats),* Paris, éd. Pygmalion, 1998.

la fête de *Samain* : ils deviennent fous et meurent. Cela va beaucoup plus loin que la sanction chrétienne, pour laquelle manquer la messe un jour de fête d'obligation constitue un péché, mais un péché est toujours susceptible d'être « remis ». Ce n'est pas le cas ici pour le manquement à *Samain.* Et le châtiment infligé ne provient pas d'un jugement prononcé par les hommes, mais d'une puissance supérieure, divine et implacable. Il est évident que cet « interdit » est de même nature que le fameux *geis* qui sous-tend la vie individuelle et collective des anciens Gaëls. Le *geis,* terme spécifique qui est apparenté au mot *guth,* « parole », est proprement intraduisible (à la rigueur, on pourrait utiliser le mot « tabou », si la référence polynésienne ne s'imposait pas) et peut s'interpréter comme une *incantation magique contraignante,* une obligation absolue qu'on ne peut transgresser sous peine de maladie, de mort ou de déshonneur (mais, de toute façon, le déshonneur mène tout droit à la maladie et à la mort). Nul ne peut échapper au terrible *geis,* pas plus le roi ou le druide que le plus insignifiant des guerriers ou le plus petit gardien de troupeaux [1].

Le caractère religieux de *Samain* apparaît donc clairement dans cette obligation, mais il s'agit d'une époque où la distinction entre le religieux et le laïque, entre le sacré et le profane n'existe pas. *Samain* est également une fête politique, législative, juridique et bien entendu « commerciale » puisqu'on y conclut solennellement des contrats en tous genres. Keating, un historien du XVIIe siècle, qui a compilé dans son *Histoire d'Irlande* tout ce qu'il avait pu recueillir d'informations sur les origines des Gaëls, est très précis à ce sujet. « Le festin de Tara était une assemblée

1. Voir J. Markale, *Le Druidisme,* Paris, Payot, 1985, version allemande, sous le titre *Die Druiden,* Munich, 1986, version espagnole sous le titre *Los Druidas,* Madrid, 1990, version italienne sous le titre *Il Druidismo,* Rome, 1989, édition anglaise revue, corrigée et augmentée sous le titre *The Druids, priest of nature,* Rochester, Etats-Unis, 2000.

royale et générale, tel un parlement. Tous les savants d'Irlande se rencontraient tous les trois ans à Tara au moment de *Samain* afin d'y ordonner et de renouveler les règlements et les lois, et d'y approuver les annales et les archives d'Irlande. »

C'est aussi une fête militaire : « On y préparait un siège pour chaque chef qui commandait les soldats au service du roi ou des seigneurs d'Irlande. » Tout se déroulait dans le respect d'une stricte hiérarchie, car « on y préparait aussi un siège pour chaque noble d'Irlande suivant son rang et sa fonction ». Mais la discipline qu'on observait dans cette assemblée de *Samain* était implacable : « C'était la coutume que fût mis à mort quiconque commettait violence ou vol, qui frappait quelqu'un ou se servait de ses armes. » En somme, on était prié de laisser ses armes au vestiaire : le temps de *Samain* était une pause pendant laquelle tout conflit devait être écarté, sinon réglé. Et les contrevenants à cette loi payaient de leur vie la moindre velléité belliqueuse, « le roi seul ayant le pouvoir, et personne d'autre, de lui pardonner une telle action ».

Mais il n'y a pas de fête, de quelque nature qu'elle soit, qui ne comporte des réjouissances : « Ils avaient coutume de passer six jours à boire ensemble avant la tenue de l'assemblée royale, c'est-à-dire trois jours avant *Samain* et trois jours après, concluant la paix et établissant entre eux des liens d'amitié. » Il y a donc un aspect pacifique, fraternel en quelque sorte, comme si pendant le temps de *Samain* était établie une société idéale. C'est alors qu'apparaît le concept de « communion » qu'on retrouve évidemment dans la Toussaint chrétienne.

Or la « communion » se manifeste essentiellement par le partage de la nourriture et de la boisson, exactement comme dans la Cène chrétienne — et aussi comme au cours du mystérieux rituel d'Eleusis en l'honneur de la Déesse Mère. Mais cette « communion » semble ici poussée à l'extrême, notamment par les excès de breuvages alcoolisés. L'étrange récit intitulé *L'ivresse des Ulates* en porte témoignage. Le roi d'Ulster, Conchobar, préside le festin de *Samain* dans la forteresse d'Emain Macha : « Il y eut l'hydromel des festins, cent cuves pour chaque boisson. Les officiers de la maison de Conchobar dirent que tous les nobles Ulates ne seraient pas de trop pour venir à bout de ce festin, tant sa qualité et son abondance étaient grandes. » La suite de l'histoire nous présente évidemment les Ulates complètement ivres, et comme ils doivent aller terminer la nuit dans la forteresse du héros Cûchulainn où celui-ci les a invités à festoyer, leur parcours à travers l'Irlande devient une errance ahurissante au cours de laquelle il leur arrive les pires mésaventures [1].

On aurait tort — et pourtant, on l'a fait bien souvent — de considérer ces beuveries d'un point de vue caricatural, dénonçant par la même occasion le caractère « puéril » de ces Gaulois braillards — et paillards —, ivrognes invétérés qui, une fois échauffés par l'alcool, se querellent pour des futilités et en viennent aux mains comme de véritables sauvages. Il est exact que les Celtes, insulaires ou continentaux, ont été — et sont toujours — des amateurs de boissons fortes, mais les descriptions qu'on donne de ces « beuveries » sont en réalité des transpositions symboliques d'une réalité vécue. On peut ainsi affirmer que ces festins de *Samain,* qui se terminent par une ivresse générale, sont avant tout des *orgies* au sens exact du terme, c'est-à-dire « exaltation collective de l'énergie », cette énergie potentielle qui réside en chaque individu et qui a parfois besoin d'être exprimée par le recours à des rituels plus ou moins magiques. On a tendance à considérer l'orgie comme une manifestation de dégénérescence, voire une chute aberrante dans « l'enfer du vice », dans la débauche la plus totale. Certes, les exemples contemporains d'orgies diverses —

1. On pourra lire ce récit dans J. Markale, *Les Compagnons de la Branche rouge,* vol. 2 de *La Grande Epopée des Celtes, op. cit.*

« partouzes » sexuelles et autres *rave-parties* — sont plutôt affligeants par leur médiocrité et leur vulgarité, mais ils témoignent cependant d'une recherche inconsciente, par des moyens discutables, d'un état supérieur auquel aspire tout être humain. *Car l'orgie est un rituel sacré* dont on a malheureusement oublié le but : dépasser la condition humaine en réveillant toutes les ressources de l'être afin de parvenir au surnaturel, pour ne pas dire au divin.

Le festin de *Samain,* avec ses excès, ses outrances, son ivresse, ramène étroitement à d'antiques traditions qui concernent la Déesse des Commencements, celle que les Gaëls d'Irlande ont souvent appelée Mebdh (Maeve), héroïne de plusieurs récits épiques ou mythologiques (l'un ne va pas sans l'autre) et qui est l'ennemie acharnée des Ulates. En effet, son nom signifie « ivresse », et dans toutes les langues celtiques, la racine du terme définissant l'ivresse est la même que celui qui caractérise le milieu. Etre en état d'ivresse, c'est être « au milieu », donc être sur cette frontière indécise qui sépare le monde réel et le monde imaginaire, le visible et l'invisible, la lumière et l'ombre, l'absolu et le relatif, le divin et l'humain. En un sens, les rituels de *Samain* provoquent le « décrochage » vers *ailleurs,* et cette constatation rejoint la notion chrétienne de la Communion des Saints célébrée le 1er novembre, date à laquelle les humains sont en contact étroit avec le monde non seulement de Dieu, mais de tous ceux qui siègent à la droite de ce Dieu. Avec ses cortèges de fantômes, *Halloween* se situe sur la même frontière, mais de façon plus populaire, plus anecdotique.

Cela dit, il convient d'aller plus loin dans l'exploration de ces rituels. La participation obligatoire de l'ensemble des membres de la communauté, toutes classes sociales confondues, l'interdiction absolue de tuer ou même d'agresser quiconque des participants au cours de la fête, la « communion » et l'ivresse destinées à canaliser, en la structurant et en la globalisant, l'énergie des êtres vivants, tout cela ne constitue qu'un des aspects de *Samain*. Le regard que l'on peut porter sur les coutumes, telles qu'elles sont répertoriées dans différents récits, invite sans aucun doute à d'autres réflexions, sinon à d'autres spéculations.

Le breuvage distribué aux convives est incontestablement alcoolique : de l'hydromel, de la bière et parfois du vin. Ce vin est très rare et seuls de grands rois ou de puissants chefs peuvent s'en procurer, car il provient de la Gaule du Sud, voire d'Espagne ou d'Italie, et coûte fort cher. De plus, il risque d'être altéré par un trop long voyage. Dans les pays du Nord-Ouest, on se rabat sur la bière et l'hydromel. Mais, chez les Celtes insulaires, la bière est avant tout une « cervoise », brassée à partir d'orge maltée et aromatisée avec différentes herbes, le houblon n'étant pas cultivé en Irlande. A vrai dire, cette bière citée dans les divers récits devait être une horrible « piquette », l'essentiel étant qu'elle pût procurer l'exaltation et l'ivresse. L'hydromel risquait d'être meilleur, et tout dépendait des ingrédients — en dehors du miel et de l'eau qui en constituaient l'essentiel — qu'on y ajoutait selon les opportunités. Mais l'hydromel était en quelque sorte la « boisson des dieux ». Riche en alcool, doux et parfumé, il était l'équivalent de l'ambroisie des Grecs et du *haoma* des Perses. De toute façon, l'hydromel était sacré, ce qui accentue le caractère religieux du festin de *Samain*.

Cependant, il ne faudrait pas croire que les participants à la fête de *Samain* ne faisaient que boire de l'alcool. Ils absorbaient une nourriture fort abondante, ce qui est encore une caractéristique de l'orgie telle qu'on la concevait dans les temps anciens : l'excès sous toutes ses formes, mais *exceptionnellement,* à certaines dates, où les valeurs traditionnelles étaient sinon bafouées, du moins inversées, où ce qui était interdit devenait permis, où ce qui était permis devenait interdit, exactement comme au moment des Saturnales à Rome, ou comme au moment du Carnaval dans l'Europe chrétienne.

Certes, un quatrain isolé, publié par Kuno Meyer, paraît en contradiction avec le caractère orgiaque de *Samain.* En effet, il fait montre d'une certaine sobriété : « Viande, bière, noix, andouille, — c'est ce qui est dû à *Samain,* — feu de camp joyeux sur la colline, — lait baratté, pain et beurre frais. » Mais après tout, même si le pain, le beurre, le « petit lait », ou lait baratté (qu'on appelle lait *Ribot* en Bretagne armoricaine), ainsi que l'andouille et les noix (tout justes récoltées) qui sont des aliments spécifiques aux Celtes, sont clairement mentionnés, le quatrain ne fait aucune mention de quantité et ne précise pas quelle est la viande qui est consommée.

Or, de toute évidence, il s'agit de viande de porc (ou de sanglier). Même à l'époque chrétienne, la viande de porc est considérée comme une nourriture sacrée, sinon magique. Dans la *Vie de saint Columcille,* écrite au VIIe siècle par l'un de ses successeurs au monastère d'Iona, on certifie qu'on engraissait pendant l'automne de grands troupeaux de cochons destinés à être égorgés au début de l'hiver. Et que dire des rites sacrificiels du cochon qui perdurent dans toute l'Europe occidentale, de ces ripailles campagnardes contemporaines lorsqu'on tue le cochon au mois d'octobre, ces fêtes de la « gogue » ou du « boudin » ? Ces rites semblent hérités de la nuit des temps.

Une des préoccupations primordiales de l'humanité a été de survivre, donc de se nourrir dans les meilleures — ou les moins pires — conditions. Les épopées celtiques dont la structure originelle rend compte de réalités ancestrales, qui ne sont plus toujours très bien comprises, esquissent à ce sujet les points forts d'une évolution à la fois spirituelle et matérielle. On sait que les récits irlandais peuvent être divisés en trois cycles. Le premier — et cela bien que les récits et les manuscrits soient les plus récents —, à savoir le cycle dit *ossianique* ou encore cycle de Finn, plonge ses racines dans l'époque glaciaire paléolithique, lorsque, pour survivre, les humains chassaient les troupeaux de rennes :

toute l'histoire de Finn mac Cool et de son fils Oisin (Ossian) est, en effet, centrée sur le thème du cervidé dont ils portent le nom et qu'ils chassent [1]. Il s'agit là d'une réminiscence non seulement d'un état de fait, mais d'un culte rendu aux cervidés, culte qui s'est maintenu — plus ou moins inconsciemment — dans la pratique de la chasse à courre, véritable rituel sacrificiel du cerf. Le second cycle, celui d'Ulster, est par contre centré sur l'élevage des bovins, seule richesse des tribus, seule nourriture abondante, soit en viande, soit en laitages, avec évidemment en corollaire une sorte de culte rendu au Taureau divin [2]. Le troisième cycle, enfin, dit « cycle des rois », représente une évolution, car il évoque nettement l'apparition du cochon domestique considéré comme une nourriture divine procurant l'immortalité. Le récit du *Cochon de Mac Dathô* en fait foi [3]. Et il ne faudrait pas oublier que le peuple féerique, les *Tuatha Dé Danann,* après s'être réfugié sous les tertres, dans l'univers du *sidh,* conserve son immortalité en consommant la chair des « cochons de Manannann », animaux que l'on tue le soir et qui renaissent le lendemain.

Cette sacralisation du porc paraît à première vue assez étrange. Certes, depuis fort longtemps, les Celtes, aussi bien les Gaëls que les Bretons et les Gaulois, ont chassé le sanglier, gibier très abondant dans toutes les forêts des îles Britanniques et du continent. Dans la tradition celtique, on découvre assez facilement les éléments d'un mythe du sanglier, celui-ci devenant la plupart du temps une sorte de divinité destructrice et redoutable. Dans le cycle ossianique, il s'agit du sanglier monstrueux de Ben Bulben, chassé et

1. Le véritable nom de Finn est *Demné* (le daim) ; son épouse Sabv est une moitié de l'année sous l'aspect d'une biche, le nom de son fils *Oisin* signifie « le faon », et celui de son petit-fils Oscar, « qui aime les cerfs ». Voir J. Markale, *Les Triomphes du roi errant,* vol. 4 de *La Grande Epopée des Celtes,* Paris, Pygmalion, 1998.

2. *Le Héros aux cent combats,* vol. 3 de *La Grande Epopée des Celtes. op. cit.*

3. *Les Compagnons de la Branche rouge,* vol. 2 de *La Grande Epopée des Celtes, op. cit.*

tué — non sans mal — par les *Fiana,* cette troupe de guerriers-chasseurs conduits par Finn, Oisin et Oscar, sanglier qui sera d'ailleurs cause de la mort du héros Diarmaid [1]. Mais Finn lui-même, dans sa jeunesse, a l'occasion d'affronter une truie sauvage quelque peu infernale. Quant à la tradition galloise, elle décrit avec un extraordinaire luxe de détails la chasse du sanglier sauvage Twrch Trwyth, poursuivi par le roi Arthur et ses guerriers [2]. Il est bien évident que, dans ces récits, le sanglier est considéré comme un animal de l'Autre Monde, mais particulièrement maléfique.

Par contre, le porc domestique est considéré comme bénéfique. C'est pourtant, lui aussi, un animal de l'Autre Monde. Et c'est une tradition conservée dans deux des récits constituant le *Mabinogi* gallois qui en fait mention. Dans la première branche du *Mabinogi,* en effet, intitulée *Pwyll, prince de Dyvet,* on voit le roi Pwyll, futur époux de la grande déesse Rhiannon, ramener du pays mystérieux d'Arawn, après d'étranges aventures, un troupeau de porcs, animaux jusque-là inconnus sur la surface de la terre. Et dans la quatrième branche de ce même *Mabinogi,* intitulée *Math, fils de Mathonwy,* ces porcs — qui sont présentés comme des animaux exceptionnels —, devenus propriété de Pryderi, fils de Pwyll, roi de Dyvet, c'est-à-dire du sud du pays de Galles, sont dérobés à celui-ci par le druide-magicien Gwyddion pour la grande satisfaction des gens du royaume de Gwyned, c'est-à-dire du nord-ouest du pays de Galles [3].

Un autre récit, irlandais celui-ci, et probablement très archaïque malgré le conflit entre le christianisme et l'antique religion druidique qui y est évoqué, insiste sur le caractère fabuleux du porc. Parce qu'elle veut se venger du roi Muirchertach, une fée nommée Sin, qui appartient à la

1. *Les Triomphes du roi errant,* vol. 4 de *La Grande Epopée des Celtes, op. cit.*

2. Voir J. Markale, *Les Chevaliers de la Table Ronde,* vol. 2 du *Cycle du Graal, op. cit.*

3. *La Fée Morgane,* vol. 4 du *Cycle du Graal, op. cit.*

race des Tribus de Dana, subjugue et envoûte le roi non seulement par ses charmes physiques, mais par sa toute puissante magie. « Le roi lui désigna les eaux de la Boyne et la pria de les changer en vin. Elle fit remplir trois cuves dans la rivière, leur jeta un charme, et il sembla au roi et à ses compagnons que jamais sur terre il n'y avait eu de vin plus délectable. [...] Puis elle cueillit des fougères et en fit des cochons qu'à l'instar du vin les guerriers se partagèrent jusqu'à satiété. » Après quoi, la jeune femme leur promet de leur en procurer à perpétuité [1].

Cette sacralisation du porc et les traditions concernant l'origine magique, féerique ou divine de cet animal — essentiel pour assurer la nourriture d'une famille ou d'une tribu pendant les mois d'hiver (c'est-à-dire après *Samain*) — explique l'importance d'un personnage actuellement quelque peu déprécié, le porcher. Dans tous les récits celtiques ou d'essence celtique, le porcher est un haut dignitaire, un grand noble qui est sinon le gardien réel et quotidien du troupeau, du moins le responsable de sa prospérité. D'ailleurs, bien souvent ces porchers sont de véritables druides, autrement dit des « dieux » selon les conceptions religieuses des Celtes. Il en est ainsi de deux porchers Rucht et Friuch, tous deux de la race des tribus de Dana, responsables l'un des troupeaux de cochons du nord, l'autre des troupeaux du sud, et qui se livrent à des exploits magiques pour affirmer leur supériorité [2]. Et le célèbre Tristan, l'amant d'Yseult, est, d'après une des *Triades de l'île de Bretagne,* le porcher du roi Mark, son oncle. On raconte même que le roi Arthur avait voulu s'emparer de son troupeau, mais que Tristan déjoua la ruse, à la grande confusion du roi [3].

1. *Les Seigneurs de la brume,* p. 253, vol. 5 de *La Grande Epopée des Celtes, op. cit.*

2. On pourra lire cet étrange récit dans *Les Conquérants de l'Ile verte,* vol. 1 de *La Grande Epopée des Celtes, op. cit.*

3. On prétend également que le futur saint Patrick, lorsqu'il fut capturé par les Irlandais et placé comme esclave chez un druide d'Ulster, fut chargé d'assurer la garde d'un troupeau de porcs.

La viande de porc est donc, chez les anciens Celtes, considérée comme une nourriture qui procure l'immortalité. Sa consommation, liée à l'absorption de boissons alcoolisées, essentiellement bière et hydromel, procure l'ivresse nécessaire au « décrochage » vers l'Autre Monde : en l'espace intemporel du festin de *Samain* se réalise sur terre, de façon non seulement symbolique mais pour ainsi dire magique, extatique, le Festin des dieux. On remarquera qu'en allant au fond des choses la communion chrétienne, au cours de laquelle on se partage le pain et le vin (corps et sang du Christ), n'est guère différente de ce rituel druidique puisqu'elle donne la vie éternelle à ceux qui la reçoivent.

Mais chez les chrétiens, celui qui préside le festin d'éternité est le Dieu trinitaire. Qu'en est-il chez les Celtes ? Qui préside le festin de *Samain* ? On sait qu'en réalité ce qu'on appelle le « panthéon » celtique n'est que la représentation concrète, imagée, des diverses fonctions attribuées à une unique divinité, laquelle est invisible, ineffable et finalement innommable. Cependant, l'étude de ce « panthéon », tant à travers les récits irlandais que les inscriptions gallo-romaines et les écrits grecs et romains, permet de mettre tout à fait à part un personnage remarquable, en l'occurrence Lug au Long Bras, le « Multiple Artisan », celui qui cumule en lui-même toutes les fonctions attribuées à la divinité. Lug est « panceltique » et il a laissé son nom à de nombreuses villes d'origine celtique, comme Lyon, Loudun, Laon, Leyde, Leipzig et même Carlisle, dans l'île de Bretagne, qui sont toutes des « forteresses de Lug » (*Lugudunum,* nom traduit en *Caer Lug* pour ce qui est de Carlisle). C'est ce même Lug que César assimile au Mercure romain et dont il dit, dans le *De Bello Gallico* qu'il est la divinité la plus honorée en Gaule, vu le nombre impressionnant de *simulacra* qui lui sont dédiés en toute région.

On sait aussi que la mode gallo-romaine est d'accoler un

nom — ou plutôt un surnom — gaulois latinisé au nom d'une divinité romaine. Ainsi trouvera-t-on *Mars Toutatis,* « Mars, père du peuple », ou encore *Apollo Grannus,* « Apollon solaire ». Or, une inscription fait mention d'un certain *Mercurius Moccus,* c'est-à-dire « Mercure Porc ». Cela nous ramène également à une étrange légende bretonne très christianisée, celle du « démon » *Huccan,* dont le nom signifie « petit cochon », personnage qui se révèle une diabolisation de l'antique dieu Lug [1]. Il semble alors très probable que c'était ce Lug au Long Bras, le Multiple artisan, le vainqueur de la bataille de Mag Tured contre les Fomoré, ces puissances ténébreuses et destructrices [2], qui présidait symboliquement ce Festin d'Immortalité de *Samain.*

Lug est un dieu civilisateur, un dieu de lumière qui combat les puissances de l'ombre. Son nom se rattache effectivement à la racine indo-européenne qui exprime la blancheur et l'éclat lumineux. C'est dire que *Samain,* qui marque pourtant la fin de la période estivale et l'entrée dans les « mois noirs », est cependant une fête de la lumière, ce que ne dément d'ailleurs pas la Toussaint chrétienne comprise comme exaltation du « monde de lumière » qu'est le Paradis. Et justement, le feu joue un rôle dans les rituels de *Samain.* C'est Keating, dans son *Histoire d'Irlande,* qui nous l'affirme : évoquant l'institution de feux sacrificiels pendant la nuit de *Samain,* il précise qu'il « était obligatoire, sous peine d'amende, d'étouffer tous les feux d'Irlande cette nuit-là ». Cela rappelle évidemment ce qui se passe la semaine pascale dans la liturgie chrétienne. Les flammes qui brûlent dans les églises sont éteintes le vendredi saint et il faut attendre l'office pascal et la bénédiction du feu nouveau pour que

1. Voir d'Arbois de Jubainville, « Une Légende irlandaise en Bretagne », dans *Revue celtique,* VII, pp. 230-233. Voir également Guyonvarc'h-Le Roux, *Les Fêtes celtiques, op. cit.,* p. 56.

2. On pourra lire ce récit dans *Les Conquérants de l'Ile verte,* vol. 1 de *La Grande Epopée des Celtes, op. cit.*

tout soit rallumé. On peut également comparer ce feu sacrificiel de *Samain* avec les feux de Beltaine, au 1er mai : c'était le haut roi d'Irlande qui allumait le premier feu de la fête sur la colline de Tara, et nul, sous peine de châtiment, n'avait le droit de le faire avant lui. On comprend donc très bien le sens de ce rituel : on éteint symboliquement l'année écoulée, on la plonge dans l'obscurité, et ce sont les druides — ou les dieux — qui ouvrent l'année nouvelle en allumant un feu auquel on confère une vertu sacrée, un feu spirituel grâce auquel les humains, dans cette période de ténèbres, seront guidés par cette lumière émanant de la puissance divine.

Mais il semble que les anciens Celtes célébraient à la même époque un autre rituel qu'on a trop rarement associé à *Samain,* celui de la fameuse « cueillette du gui ». L'opinion courante place cette cueillette aux environs de Noël, d'où l'expression bien connue « au gui l'an neuf ». Or, cette datation est totalement arbitraire. Le seul témoignage que l'on possède sur ce rituel est celui de Pline l'Ancien [1], et celui-ci ne fait absolument aucune référence au solstice d'hiver : il se contente d'affirmer que le gui doit être coupé « le sixième jour de la lune [...] parce que la lune y a déjà une force considérable sans être encore au milieu de sa course ». C'est tout. Pourquoi ne pas supposer que cette cueillette du gui, plante sacrée des druides, était pratiquée pendant le temps de *Samain ?* D'ailleurs, cette supposition est renforcée par le fait que la cueillette du gui ne constitue qu'une partie du rituel. Celui-ci, toujours selon Pline, se prolonge en effet par le sacrifice de deux jeunes taureaux. Et ce sacrifice ramène naturellement à *Samain.*

1. *Histoire Naturelle,* XVI.

Mort et renaissance du roi

Voici ce qu'écrit Pline l'Ancien après avoir donné sa définition du gui : « Après avoir préparé un sacrifice au pied de l'arbre, on amène deux taureaux blancs dont les cornes sont liées pour la première fois. » Suit la brève description de la cueillette du gui. Alors les druides « immolent les victimes en priant la divinité de rendre ce sacrifice profitable à ceux pour qui il est offert ». Pline ne nous dit malheureusement pas à quelle divinité est destiné ce sacrifice ni au profit de qui il est accompli, et c'est une comparaison avec des textes irlandais qui peut compléter cette bribe d'information. Dans le récit de *La Maladie de Cûchulainn,* les hommes d'Irlande sont réunis à Tara pour choisir un roi : « Ils firent alors le festin du taureau pour savoir par ce moyen à qui ils donneraient la royauté. Le festin du taureau se faisait donc ainsi, c'est-à-dire qu'on tuait un taureau blanc ; un homme seul devait consommer à satiété de la viande et du bouillon et s'endormir de cette satiété, et une parole de vérité [1] était chantée sur lui par quatre druides : il voyait dans son rêve l'aspect de l'homme qui devait être élevé à la royauté par son apparence, par son caractère, son allure et le travail qu'il faisait [2]. » Un autre texte, *La Naissance de Conairé le Grand,* est encore plus explicite : « On tuait un taureau et on le faisait cuire dans un grand chaudron. On choisissait alors un homme qui mangeait la chair de ce taureau et buvait le bouillon avant d'aller se coucher dans l'une des maisons de Tara. On récitait sur lui des incantations magiques et il s'endormait. Celui qu'il voyait dans son sommeil devait

1. Une incantation magique.

2. Trad. Guyonvarc'h, *Ogam,* X, p. 293. N'en déplaise au traducteur qui refuse obstinément toute influence non indo-européenne sur la tradition celtique, il semble bien que la coutume décrite ici soit analogue aux rituels extatiques des chamans d'Asie, si bien répertoriés par Mircea Eliade dans son incontournable ouvrage, *Le Chamanisme,* Paris, Payot, 1972.

être le futur roi. Le lendemain matin, il devait raconter ce qu'il avait vu mais, s'il mentait, ses lèvres se desséchaient. Telle était la Fête du Taureau à Tara des Rois [1]. »

A ce moment des investigations sur *Samain,* il est impossible de ne pas citer un texte tardif, datant de la fin du XIIe siècle, écrit par un clerc gallois, Giraud de Cambrie, sur l'instigation du roi Henry II Plantagenêt, lequel venait, comme on le sait, de s'emparer de l'Irlande. L'ouvrage est intitulé *Topographia Hibernica* et comporte de précieux renseignements sur les mœurs et coutumes de l'Irlande gaélique à l'arrivée des Anglo-Normands, mais comme pour toute composition de propagande (c'en est une), il convient de l'examiner avec précaution.

Voici ce que dit Giraud de Cambrie à propos d'une peuplade d'Ulster, « accoutumée, par un rite plus que barbare et abominable, à se donner un roi de la manière suivante : toute la population se rassemble en un endroit choisi ; on amène au milieu de l'assemblée une jument blanche et celui qui doit être élevé à la dignité, non de prince mais de bête, et avec moins d'impudeur que d'ignorance, se conduit avec cette jument comme un animal. Cette bête étant tuée peu après, on la cuit par morceaux dans de l'eau, puis, avec le bouillon, on prépare un bain. Le futur roi s'y plonge, mange les morceaux de viande qu'on lui présente, entouré de son peuple qui mange avec lui. Il puise le bouillon dans lequel il baigne non pas avec un récipient, non pas même avec la main, mais avec la bouche. Quand il a accompli ce rite, sa souveraineté et son autorité sont consacrées [2] ».

Giraud de Cambrie avait tout intérêt à noircir le tableau qu'il brossait de l'Irlande pour le plus grand avantage de

1. J. Markale, *Les Seigneurs de la brume,* vol. 5 de *La Grande Epopée des Celtes, op. cit.,* p. 54. D'autres récits, qui ont pour héros le roi Conairé, présentent des formes différentes de rituels pour le choix et l'intronisation du roi, voir *ibid.,* p. 54.

2. *Topographia Hibernica,* III, 25.

son protecteur, Henry Plantagenêt, qui pouvait ainsi justifier sa mainmise sur des peuples barbares et des *untermenschen,* comme on disait à l'époque du nazisme en évoquant les prétendues « sous-races ». Mais, même s'il en rajoute complaisamment, il n'empêche que sa description de l'Irlande au XIIe siècle n'est pas sans intérêt. Il n'y a jamais de fumée sans feu. Cette intronisation solennelle du roi de tribu d'Ulster démontre que la société gaélique, au moment de la conquête normande, en était restée à des structures fort archaïques, ce que confirment les récits épiques et mythologiques qui ont été transcrits à cette période, en particulier le fameux *Leabhar Gabala* (« Livre des Conquêtes »), compilation savante des anciennes traditions orales ou manuscrites antérieures.

Cela dit, le clerc gallois paraît n'avoir rien compris au rituel qu'il décrivait en manifestant toute son horreur et toute sa désapprobation. Cette incompréhension est cause d'une interprétation abusive de l'intronisation du roi d'Irlande par la comparaison avec la pratique indienne de l'*ashvamedha.*

En Inde, la « cérémonie » dite *ashvamedha* se déroule de la façon suivante : après avoir choisi un cheval, évidemment de bonne race et bien constitué, et après l'avoir laissé pendant une année entière libre d'aller où il voulait (mais sous surveillance étroite de la collectivité), on le présente à une reine, et celle-ci s'accouple à lui. Puis on tue le cheval. Le sens de cet *ashvamedha* ne fait aucun doute : il s'agit d'un rite de fécondité par lequel la reine incorpore la semence de l'animal qui va donc la féconder — symboliquement — et procurer au peuple, dont elle est la souveraine, les produits de cette fécondation hors normes, c'est-à-dire la prospérité collective. Or, dans le rituel décrit par Giraud de Cambrie, tout est inversé : le roi est censé féconder la jument, mais on tue la jument, ce qui est à proprement parler une stupidité. Dans ce cas précis, il n'y a pas la moindre trace d'un rite de fécondité. Comme l'écrivait

Georges Dumézil, « si l'on conçoit que, dans la mimique de l'*ashvamedha,* le cheval mort [...] soit censé féconder une femme qui restera vivante, autant on résiste à l'idée que le roi prétende féconder une jument qui, aussitôt après l'acte, sera non seulement tuée, mais coupée en morceaux et mangée [1] ». L'argument est imparable.

Il y a plus. Giraud de Cambrie écrit en latin, plus exactement en latin médiéval. Or, il emploie les mots *candidum jumentum,* ce qui évidemment provoque la traduction simpliste « jument blanche ». Or, dans ce bas latin du XIIe siècle, *jumentum* a le sens de « bête de somme », ce qui peut parfaitement convenir à un bovidé, donc en l'occurrence à une vache, les bovidés ayant abondamment servi, au cours des siècles, chez les paysans occidentaux aussi bien que chez les Celtes insulaires, d'animaux de trait et de bêtes de somme. Et surtout, il faut se rappeler que, d'une façon générale, tous les Celtes, mais plus particulièrement les Celtes insulaires, ont toujours refusé de consommer de la viande de cheval [2]. La cause est entendue : ce que décrit Giraud de Cambrie, c'est une cérémonie d'intronisation royale au cours de laquelle on sacrifie un taureau — ou une vache — considérée comme « sacrée », et dont la mort, agréable à la divinité, provoquera la bénédiction divine sur les troupeaux de bovins qui constituent la seule véritable richesse de ces peuples. On en revient donc à ces structures de la société celtique qui sont incontestablement d'origine pastorale. Quant au taureau, on le sait bien, il est, dans de nombreuses traditions, le symbole de l'activité guerrière en vue d'assurer la prospérité du groupe. Le sacrifice du tau-

1. G. Dumézil, *Fêtes romaines d'été et d'automne,* Paris, 1975, p. 218.

2. Encore à l'heure actuelle, il n'existe aucune boucherie hippophagique en Irlande, et un grand débat s'instaure chez les Irlandais, grands éleveurs de chevaux de race comme on sait, mais qui sont confrontés à des règlements européens les obligeant à exporter pour la boucherie les animaux blessés ou trop vieux. Y a-t-il ici un vestige d'un antique totémisme ? Le fait est là, et il aide à comprendre combien le détail de la « jument blanche » de Giraud de Cambrie résulte d'un contresens — et même d'un défi au bon sens.

reau n'est donc pas un rite de fécondité, mais un rite par lequel, en sacrifiant un animal précieux à la divinité, on espère en retour l'influence bienfaisante de cette divinité.

On peut également émettre une autre hypothèse concernant le sacrifice du taureau, si l'on prend celui-ci comme une victime de substitution. L'exemple biblique du sacrifice d'Isaac est bien connu. N'en serait-il pas de même dans le récit de Giraud de Cambrie ? La bête de somme sacrifiée ne serait-elle pas le substitut du roi lui-même ?

La question mérite d'être examinée, mais en rapport avec les nombreuses épopées irlandaises où un roi, pour différentes raisons, généralement parce qu'il a transgressé ses *gessa,* c'est-à-dire ses interdits fonctionnels, va tomber sous les coups de ses ennemis, voire de ses familiers. Le cas le plus caractéristique est celui de Conairé le Grand. Ses *gessa* sont étranges, mais sans doute n'en comprend-on plus le sens exact : « Tu ne contourneras pas la forteresse de Tara par la droite, ni la plaine de Breg par la gauche ; tu ne devras jamais chasser les bêtes sauvages de la vallée de Cerna ; tu ne sortiras pas de Tara chaque neuvième nuit du mois ; tu ne dormiras pas dans une maison où le feu ne sera pas éteint et où la lueur du foyer serait visible du dehors ; tu ne pourras sortir de cette maison après le coucher du soleil ; tu ne devras jamais voir devant toi trois hommes vêtus de rouge ; aucun vol ne devra être commis sous ton règne dans ton royaume ; tu n'accepteras pas qu'après le coucher du soleil un homme entre dans la maison où tu seras ; tu ne devras jamais apaiser de toi-même une querelle entre deux de tes serviteurs [1]. »

Si l'on comprend bien, l'interdit majeur est *aucun vol ne devra être commis sous ton règne,* car le roi est non seulement le distributeur des richesses entre tous les membres de la communauté, mais il est le garant de l'équilibre et de

1. « La Naissance de Conairé le Grand », dans les *Seigneurs de la Brume,* vol. 5 de *La Grande Epopée des Celtes,* op. *cit.*

l'harmonie entre tous. Cette harmonie ne souffre donc aucune injustice, et le roi de type celtique, qui n'est pas un monarque absolu, doit répondre de ses actes devant les membres de la tribu : il ne jouit d'aucune immunité, et si on n'est pas satisfait de lui, on peut l'éliminer et choisir un autre roi à sa place.

Or, dans le cas de Conairé, il apaise de lui-même une querelle entre deux de ses serviteurs. Transgression fatale : *il ne devait pas y avoir de querelle,* et s'il y en a une, c'est de la faute du roi. Il est coupable. Et aussitôt, il va transgresser l'un après l'autre tous ses interdits et mourir, la nuit de *Samain,* au cours d'une invraisemblable bataille où les divers épisodes sont autant d'éléments symboliques hérités de la plus lointaine mythologie[1]. On peut donc dire qu'il y a ici la description détaillée d'une véritable cérémonie, obéissant à des rites précis et conduisant au meurtre sacrificiel du roi.

Il en est de même pour le roi Muirchertach, fils d'Erca. Séduit par la fée Sin, il néglige non seulement son épouse légitime et ses enfants, mais l'ensemble de son peuple. Il est donc coupable de négligence. Et l'instrument de la justice qui s'exerce alors est un être qui appartient à l'Autre Monde, la mystérieuse Sin. Cela prouve que les puissances invisibles interviennent, essentiellement pendant le temps de *Samain* dans les affaires humaines et qu'elles sont en quelque sorte la « conscience » qui veille sur l'harmonie du monde.

En fait, le sacrifice du roi Muirchertach se déroule en une durée indéterminée mais qui, d'après le contexte, correspond à ces trois jours avant et après *Samain.* La jeune femme, Sin, dont le nom signifie « soupir » mais également « souffle » et « vent rude », entoure le roi d'une série d'événements et de perceptions que, par son appartenance

1. On pourra lire ce remarquable récit, « La Destruction de l'hôtel de Da Derga » dans *Les Seigneurs de la brume, op. cit.*

aux tribus de Dana, elle a le pouvoir de créer *ex nihilo :* « Le roi s'endormit d'un profond sommeil magique suscité par Sin qui, tandis qu'il dormait, se leva et disposa toutes les épées et tous les javelots des guerriers devant les portes, pointes tournées vers l'intérieur. Son art suscita des foules nombreuses autour de la forteresse, dans laquelle elle se renferma elle-même avant de jeter du feu partout, sur les remparts et sur la maison. » Le roi se réveille, effrayé d'entendre « le craquement d'une maison qui brûle et le vacarme, tout autour, d'une armée de démons. [...] Sans se rendre compte que tout cela était faux et qu'aucun guerrier n'assiégeait la forteresse, Muirchertach se leva en hâte et chercha ses armes, mais il n'en trouva aucune. Quant à Sin, elle se rua hors de la maison, et il la suivit, mais il rencontra des guerriers auxquels il se heurta si fort que, de la porte, il fut renvoyé vers son lit, tandis que les ennemis s'enfuyaient. [...] Le roi revint sur la porte, mais entre elle et lui, désormais, crépitaient des flammes et des étincelles. Et quand le feu eut envahi le couloir et cerné toute la maison, Muirchertach ne disposa plus du moindre abri. Saisissant un casque rempli de vin, il le renversa sur lui pour se protéger, mais le toit s'écroula sur sa tête, et le feu le brûla sur cinq pieds de long, le vin protégeant le reste [1] ».

Cette hallucinante description n'est pas sans évoquer la mort du roi Conairé qui, dans l'hôtel de Da Derga assiégé par ses ennemis dont les druides ont lancé des incantations pour dessécher toutes les cuves et tous les puits d'Irlande, complètement assoiffé, mourra embrasé par le feu intérieur qui le dévore [2]. Le feu, réel ou symbolique, a son rôle dans les rituels sacrificiels de *Samain,* et Keating, dans son *Histoire d'Irlande,* ne fait pas faute de signaler que les druides d'Irlande « brûlaient leurs victimes » au feu nou-

1. « La Mort de Muirchertach » dans *Les Seigneurs de la Brume, op. cit.*, pp. 260-261.

2. *Ibid.*, p. 96.

veau qu'ils venaient d'allumer pendant la nuit. Le tout est de savoir quelles étaient ces victimes. Mais il est probable qu'il s'agit du roi.

De plus, le rite paraît confus. On se demande si la victime est étouffée (pendue ou desséchée), noyée (le casque rempli de vin) ou brûlée (par le feu ou par la brûlure interne). On retrouve la même confusion dans les scholies — tardives mais révélatrices — du manuscrit de *la Pharsale,* du poète latin Lucain, lorsque celui-ci évoque les « sinistres sanctuaires gaulois » perdus au fond des forêts. Ces scholies citent les noms (ou plutôt les surnoms, les épithètes) de trois divinités gauloises, attestés par ailleurs par de nombreuses inscriptions gallo-romaines, Teutatès, ou Toutatis (« père du peuple »), Esus (« bon ? ») et Taranis (« tonnerre », donc « feu du ciel »), et indiquent le genre de sacrifice propre à chaque divinité. Et là, on retrouve la pendaison, la noyade et l'embrasement. Mais ce que l'on ne sait pas exactement, c'est si ces sacrifices sont réels ou s'ils sont des simulations, autrement dit des rituels de substitution.

A cela, il manque le rituel de *la tête coupée*. Il est pourtant largement prouvé tant par les objets archéologiques découverts sur le territoire de l'ancienne Gaule que chez les historiens grecs et latins (Diodore de Sicile et Tite-Live, notamment) ainsi que dans les récits irlandais et gallois — et dans de nombreuses sculptures romanes des îles Britanniques et du continent. Et cela nous donne la certitude qu'il y a eu un culte des têtes coupées chez tous les peuples celtes.

A propos de la bataille de Clusium, entre Romains et Gaulois, après avoir décrit les événements, Tite-Live ajoute ce qu'il a appris d'une coutume des Gaulois, celle de couper la tête de leurs ennemis et de la conserver. Ils portaient ces têtes, nous dit-il, « au poitrail de leurs chevaux [1] ». Cette coutume ne semble pas une fantaisie de l'imaginaire, car on peut voir dans les ruines des cités de

1. *Ab Urbe condita,* X, 26.

Glanum (Saint-Rémy-de-Provence), de Saint-Blaise, près d'Istres, et d'Entremont, non loin d'Aix-en-Provence, ainsi qu'au musée Borély de Marseille, des piliers d'époque gauloise qui sont des « accrochoirs à crânes », avec encore leurs clous de fixation. On peut également voir, au musée Granet d'Aix et au musée Calvet d'Avignon, des sculptures gauloises d'avant la conquête romaine, qui représentent des têtes coupées, le plus souvent aux yeux clos. Et sur certaines monnaies gauloises, comme celles du peuple des *Osismii* (Finistère), on peut remarquer de nombreuses représentations de têtes sans corps. Quant à la version galloise de la « Quête du Graal », le récit de *Peredur,* elle nous présente l'objet sacré sous forme d'un plateau supportant une tête d'homme coupée et baignant dans son sang [1].

Mais il s'agit d'un culte dont la signification exacte demeure obscure. Il faut ici se borner à le signaler, sans plus. Par contre, il convient d'examiner plus longuement cette forme de meurtre rituel qu'est la décollation (celle de saint Jean le Baptiste en étant l'exemple le plus connu). Il existe trois cas précis de sacrifice qui méritent d'être étudiés. Le premier se trouve dans le récit gaélique de *la Mort de Curoi.* Il y est question de la rivalité entre le héros de lumière, Cûchulainn, et son double obscur, Cûroi mac Daéré, mythique roi de Munster, sorte de dieu infernal protéiforme. A la suite de querelles antérieures, Cûchulainn s'entend avec la femme de Cûroi, la jeune Blathnait — que Cûroi lui a ravie autrefois — , pour que celle-ci trahisse le roi et le livre au héros. Ce qui est accompli. Et Cûchulainn, d'un coup d'épée, coupe le cou de Cûroi [2]. Pourquoi ? parce que Cûroi mac Daéré n'a pas respecté ses engagements et est devenu un roi sans pouvoirs, donc un mauvais roi. Le second cas est exposé dans la seconde branche du

1. J'ai commenté longuement ce thème dans plusieurs chapitres de mon ouvrage sur *Le Graal,* Paris, Albin Michel, 1991.

2. *Le Héros aux cent combats,* vol. 3 de *La Grande Epopée des Celtes, op. cit.,* p. 250.

Mabinogi gallois, intitulée *Branwen, fille de Llyr.* Brân Vendigeit, c'est-à-dire « Brân le Béni », a emmené ses hommes (des Bretons insulaires) en Irlande pour venger le sort réservé à sa sœur Branwen. Or, les Bretons ont subi une défaite accablante et il n'y a plus que sept survivants, en plus de Brân, qui est blessé à la jambe. Et Brân demande à ses guerriers de lui couper la tête et de l'emmener avec eux [1]. La suite se réfère au culte de la Tête coupée, mais le rituel sacrificiel est nettement établi.

En effet, Brân n'est pas blessé mortellement. Il peut facilement guérir. Mais il a été vaincu, et il est responsable de la défaite. Il doit donc payer de sa vie son incapacité à être un roi digne de son nom et de ses devoirs. Curieusement, cette histoire — légendaire — de Brân le Béni semble sortir tout droit d'un événement — cette fois mi-historique, mi-légendaire — qui se situe vers 280 avant notre ère, en Grèce, lors de l'expédition — réelle ou imaginaire ? — entreprise par des Gaulois sous la conduite d'un chef portant le nom de Brennus. Or ce nom de *Brennus* ou *Brennos* n'est autre que la transcription latine — et grecque — de *Brân.* En fait, il s'agit du même personnage mythologique [2]. Et d'après l'historiographe grec Diodore de Sicile, généralement bien informé sur les antiquités celtiques, lorsque les Gaulois eurent subi un échec à Delphes et qu'ils eurent perdu plusieurs milliers d'hommes, Brennus, « lui-même blessé trois fois, fit assembler les Gaulois survivants. Alors, prenant la parole, il leur conseilla de l'achever ainsi que tous les blessés, de brûler leurs chariots et de retourner rapidement dans leur pays. Il leur conseilla aussi de choisir Kikorios comme chef. Puis Brennus, s'étant enivré, se poignarda lui-même [3] ».

1. J. Loth, *Les Mabinogion,* Paris, 1913, I, p. 146.

2. Il y a un autre personnage plus ou moins historique, le chef sénon Brennus qui prit Rome — sauf le Capitole — en 387 avant notre ère, et qui, par bien des aspects, ressemble au Brennus de l'expédition de Delphes et au Brân le Béni de la tradition galloise. Leurs noms, à tous les trois, signifient « corbeau », mais également « hauteur », « colline ».

3. Diodore de Sicile, fragment XXII.

Le caractère religieux des suicides de Brân et de Brennus est indéniable. C'est en tant que responsables de leurs troupes que ces deux chefs — en fait, deux rois — s'offrent comme victimes expiatoires. Il existe un exemple — entièrement historique, celui-ci — d'un tel rituel sacrificiel, celui de Vercingétorix se rendant à César. D'abord, il faut préciser que si Vercingétorix s'est constitué prisonnier, sachant très bien le sort qui l'attendait, c'est avant tout parce que le conseil des chefs gaulois en avait décidé ainsi : Vercingétorix avait échoué dans la mission qu'on lui avait confiée, il devait être la victime désignée pour épargner aux siens un sort qui aurait pu être beaucoup plus funeste. Et que ce soit de son plein gré ou non que Vercingétorix ait jeté ses armes aux pieds du proconsul romain, il devait accomplir ce geste puisqu'il était, son nom l'exprime clairement, « le roi des grands guerriers ».

Cependant, le roi n'est pas toujours responsable d'un désastre ou d'une famine, ou encore des conditions climatiques, ou encore de la désagrégation de la société dont il est en somme le « gérant ». On sait très bien que l'exercice du pouvoir *use,* et qu'un roi, comme n'importe quel responsable politique, perd à la fois de son crédit et de sa puissance au fur et à mesure que le temps s'écoule. Ce n'est pas une hypothèse mais une réalité qui a été prouvée une multitude de fois dans l'histoire de l'humanité, et cela sous toutes les latitudes et à toutes les époques. N'y aurait-il pas une corrélation entre cette « usure du pouvoir » et les rituels assez complexes et plutôt confus, il faut bien le dire, — compte tenu de l'obscurité des textes et des altérations dues à une incompréhension de certains copistes chrétiens — qui semblent avoir eu cours pendant le temps de *Samain,* non seulement en Irlande mais dans tous les pays celtiques ? En un mot, la mort sacrificielle du roi ne masquerait-elle pas un autre rituel, de régénération celui-là ?

Pour le savoir, il faut en revenir aux fameuses scholies de Lucain, qui ont fait l'objet de tant de commentaires, et plus particulièrement à ce qui concerne Teutatès. Le scholiaste écrit ceci : « Mercure Teutatès est ainsi honoré chez les Gaulois : dans un grand bassin, on plonge la tête d'un homme afin qu'il y suffoque [1]. » C'est très vague, mais c'est précieux. Ici, Teutatès, le « père du peuple », est assimilé à Mercure, et non à Mars, comme dans certaines inscriptions gallo-romaines. Or Mercure, est-il besoin de le rappeler, est l'aspect gallo-romain du Lug panceltique, le Multiple Artisan qui réunit en lui seul toutes les fonctions attribuées à la divinité, celui qui vraisemblablement préside le Festin d'Immortalité et qui, par conséquent, est honoré pendant le festin de *Samain*. On est en droit de se demander quelles sont les sources du scholiaste de Lucain à propos de ce rituel de suffocation et si cette tradition est ancienne ou non. Mais elle paraît corroborée par un magnifique objet archéologique qui est l'un des monuments les plus remarquables pour la compréhension de la mythologie celtique. Il s'agit du fameux Chaudron de Gundestrup, datant du IIe siècle de notre ère, et qui est conservé au musée d'Aarhus, au Danemark.

Ce chaudron est en argent, composé de diverses plaques qui sont toutes gravées de scènes imagées où fourmillent d'étonnants personnages, en particulier la Déesse aux Oiseaux et, en position dite bouddhique, le dieu Kernunnos des Gaulois. Cette imagerie a toujours un rapport soit avec le revers de certaines monnaies gauloises, soit avec des textes irlandais ou gallois. Ainsi, l'une des plaques retient particulièrement l'attention lorsqu'on étudie les rituels de *Samain* en supposant qu'ils sont structurés sur le thème de la renaissance ou tout au moins sur celui de la régénération.

Sur la droite de cette plaque, on voit trois hommes, la tête tournée vers la gauche et soufflant dans des trompettes recourbées en forme de tête de cheval. Toujours à droite, mais sur un plan inférieur seulement, un homme avance

1. « Branwen, fille de Llyr », J. Loth, *Les Mabinogion, op. cit.*, I, p. 129.

vers la gauche, l'épée sur l'épaule, sans bouclier, son casque orné d'une figuration de sanglier. Devant lui, six hommes se dirigent vers la gauche, une épée brandie de la main droite, un long bouclier tenu transversalement au corps par la main gauche. Ils n'ont aucun emblème sur le casque mais une sorte de soleil au milieu du bouclier.

A gauche de la plaque, sur toute la hauteur, un immense personnage plonge un guerrier, la tête en bas, dans une sorte de cuve. Sous cette cuve (sans doute un chaudron), on voit un animal qui peut être un chien ou un loup. Sur le plan supérieur, quatre cavaliers se dirigent vers la droite, semblant venir de l'endroit où s'est déroulé le sacrifice. Le premier et le troisième tiennent une lance de la main gauche. Tous ont des motifs sur leur casque, l'un une vague forme de « M », le second un signe cornu, le troisième un sanglier, le quatrième un oiseau. Les chevaux présentent, sur leur harnachement, des fleurs comparables à celles du lotus. Et, devant ces cavaliers, un serpent à tête de bélier semble les guider.

Au milieu, entre les deux plans, s'étale un arbre absolument horizontal, d'où surgissent, au-dessus, sept fleurs à trois pétales, ou sept feuilles à trois lobes. Au-dessous, il n'y a que six fleurs ou six feuilles. Tout à fait à gauche, l'arbre a trois racines qui semblent émaner de la cuve.

L'interprétation de ce véritable tableau symboliste ne paraît pas très difficile. Sur le plan inférieur, les guerriers qui n'ont rien sur leur casque et qui s'en vont vers la gauche, côté traditionnellement et étymologiquement *sinistre,* sont des hommes tués ou blessés au combat. Le grand personnage, peut-être Teutatès, en tout cas un des multiples aspects du dieu Lug, les plonge dans un récipient afin de leur redonner vie ou santé : le fait que les guerriers repartent vers la droite, cette fois-ci à cheval, en une allure triomphale, conduits par le serpent criophore, symbole de fécondité, l'indique assez clairement. Il n'y manque pas même l'Arbre de Vie et les fleurs d'immortalité.

La clef de cette représentation réside dans le récipient, cuve ou chaudron. La tradition celtique, aussi bien au pays de Galles qu'en Irlande, en fait fréquemment mention. C'est d'abord le Chaudron de Brân le Béni : « Je te donnerai un chaudron dont voici la vertu : si on te tue un homme aujourd'hui, tu n'auras qu'à le jeter dedans pour que, le lendemain, il soit aussi bien que jamais, sauf qu'il n'aura plus la parole[1]. » C'est devant un chaudron analogue que s'extasie Peredur, l'équivalent gallois de Perceval lors de sa présence au Château du Roi des Souffrances : « Il vit venir un cheval portant en selle un cadavre. Une des femmes se leva, enleva le cadavre de la selle, le baigna dans une cuve remplie d'eau chaude qui était plus bas que la porte et lui appliqua un onguent précieux. L'homme ressuscita, vint le saluer et lui montra joyeux visage[2]. » Certes, ce n'est pas seulement dans les récits celtiques que l'on trouve ce chaudron de *re-naissance.* Ainsi, le poète grec Pindare raconte que Pélops, ayant été coupé en morceaux et bouilli dans un chaudron, ses membres y furent replacés, et Clotho, divinité qui préside à la naissance, lui redonna vie et santé[3]. A cela, il faudrait ajouter nombre de contes bretons armoricains où, après avoir été démembré et bouilli dans un chaudron — ou plongé dans une source — , un héros, ou une héroïne, retrouve son intégrité primitive[4].

Il semble bien que ce mystérieux chaudron ait un certain rapport avec le « saint » Graal des épopées arthuriennes,

1. « Branwen, fille de Llyr », J. Loth, *Les Mabinogion, op. cit.,* I, p. 129.
2. « Peredur, fils d'Evrawc », *ibid.,* p. 94.
3. *Olympiques,* I, 40.
4. Sauf parfois un orteil manquant, ou un petit défaut physique, lequel jouera ensuite un rôle important, permettant notamment la reconnaissance de l'héroïne par le héros de l'histoire. C'est le thème bien connu de la reine Pédauque, la « reine au pied d'oie ». Le passage dans l'Autre Monde est souvent cause d'une anomalie physique chez celui ou celle qui a réussi à en revenir. On pourra lire plusieurs récits de ce genre dans J. Markale, *Contes populaires de toutes les Bretagne,* Rennes, éd. Ouest-France, 1977, ouvrage constamment réédité depuis.

surtout dans les versions qui font de ce vase une émeraude autrefois sur le front de Lucifer et qui tomba sur la terre lorsque celui-ci fut précipité dans les ténèbres [1]. Le Graal a, au fond, des vertus comparables à celles du chaudron celtique : comme lui, *il guérit et donne la vie* à ceux qui le contemplent ou qui boivent son contenu, c'est-à-dire le « sang du Christ », la chose « la plus précieuse qui soit au monde ». Et le Graal contient une nourriture inépuisable, une nourriture divine. Telle est aussi la vertu du « Chaudron de Dagda » de la tradition irlandaise : *Le Récit de la bataille de Mag Tured* précise bien que « nulle compagnie ne s'en allait sans lui être reconnaissant [2] », tandis que, dans le récit gallois de *Kulhwch et Olwen,* le roi Arthur, pour accomplir une mission sacrée, doit d'abord s'emparer du « Chaudron de Diwrnach le Gaël » qui dispense lui aussi une nourriture inépuisable [3]. Mais, attention !... Dans son poème, *Les Dépouilles de l'abîme,* le barde gallois Taliesin fait remarquer que chaudron « doucement chauffé par l'haleine de neuf filles [...] ne bout pas la nourriture d'un lâche », ce qui signifie que l'on ne peut participer à ce Festin d'Immortalité que si on en est digne. Il en est de même pour ceux qui sont admis au célèbre Repas du Graal [4].

L'origine de ce chaudron est évidemment très mystérieuse, mais se réfère constamment à l'Autre Monde. Le Chaudron de Dagda avait ainsi été rapporté par les tribus de la déesse Dana « des îles du nord du monde », le nord étant un des symboles utilisés constamment par les Celtes pour désigner un pays mythique ou féerique. Et de nombreuses épopées décrivent les aventures fantastiques des héros qui

1. J. Markale, *La Naissance du roi Arthur,* vol. 1 du *Cycle du Graal, op. cit.*
2. Voir *Les Conquérants de l'Ile verte, op. cit.*
3. J. Loth, *Les Mabinogion,* I, p. 335.
4. Voir la naissance du roi Arthur. D'après les *Triades de l'Ile de Bretagne,* il existait, parmi les treize merveilles de Bretagne, un chaudron dit de Tyrnog. Si on y mettait de la nourriture pour un homme lâche, elle ne pouvait pas bouillir.

pénètrent dans ces domaines interdits pour s'emparer d'un objet sacré qu'ils avaient l'obligation de rapporter, ou bien pour recevoir d'un personnage divin quelque « talisman » qui leur permettra d'accomplir des exploits[1].

Mais l'Autre Monde est « partout et nulle part ». L'invisible est immédiatement derrière le visible : il suffit d'avoir le fameux don de « double vue » pour le voir. En principe, ce sont des personnages qui ont subi une certaine forme d'initiation qui possèdent ce don. Mais il arrive qu'à certaines dates, les humains, quels qu'ils soient, aient la possibilité d'apercevoir le monde invisible et même d'y pénétrer impunément. C'est précisément ce qui se passe dans le temps de *Samain,* et nombreux sont les récits qui mettent en relief cette relation privilégiée qui permet d'accéder au divin et d'acquérir des talismans de l'Autre Monde. La façon dont le héros Brân le Béni entre en possession de son chaudron magique est, à cet égard, tout à fait significative.

Un certain Matholwch, roi d'Iwerddon (Irlande), qui veut épouser Branwen, la sœur de Brân, raconte à celui-ci qu'un jour il était à la chasse sur un tertre qui dominait un lac et vit sortir de ce lac « un grand homme aux cheveux roux, portant un chaudron sur son dos. Il était d'une taille démesurée et avait l'air d'un malfaiteur. Et s'il était grand, sa femme était encore deux fois plus grande que lui ». Ce sont évidemment des gens de l'Autre Monde, et la description de l'homme roux est tout à fait conforme à celle du « rustre » qui apparaît très souvent dans les récits irlandais, avec des cheveux hirsutes et une grande massue à la main. Mais ici, ce rustre porte un chaudron qui, on le saura plus tard, redonnera vie aux défunts qu'on y aura placés. Cependant, l'histoire prend alors une tournure très curieuse.

1. L'historiographe grec, Strabon, raconte que les Cimbres, peuple germanique fortement celtisé, offrirent à l'empereur Auguste « ce qu'ils avaient de plus cher et de plus précieux, à savoir leur chaudron sacré » (VII, 2).

En effet, le rustre et sa femme demeurent une année dans les domaines de Matholwch, mais « avant la fin du quatrième mois, ils se firent haïr en commettant sans retenue des excès dans le pays. [...] Mes vassaux décidèrent de construire une maison tout en fer. Quand elle fut prête, ils firent venir tout ce qu'il y avait en Iwerddon de forgerons possédant tenailles et marteaux, et firent accumuler tout autour du charbon jusqu'au sommet de la maison ». Le texte ne le précise pas, mais on comprend qu'ils obligent l'homme roux et sa famille à pénétrer dans cette étrange maison. « Ils passèrent en abondance nourriture et boisson à la femme, à l'homme et à ses enfants. Quand on les sut ivres, on commença à mettre le feu au charbon autour de la maison et à faire jouer les soufflets jusqu'à ce que tout fût chauffé à blanc. Eux tinrent conseil au milieu du sol de la chambre. L'homme, lui, y resta jusqu'à ce que la paroi de fer fût blanche. La chaleur devenant intolérable, il donna un coup d'épaule à la paroi et sortit en la jetant dehors, suivi de sa femme. Personne d'autre qu'eux n'échappa. [...] C'est alors qu'il vint ici et me donna le chaudron [1]. » Et par la suite, pour sceller l'accord des deux rois, ce chaudron sera offert à Brân.

Cette histoire est relatée dans la seconde branche du *Mabinogi* gallois. Mais elle apparaît de façon presque identique dans le récit irlandais de *l'Ivresse des Ulates.* Au cours d'une nuit de *Samain,* le roi Conchobar, Cûchulainn et les Ulates quittent le festin donné par le roi à Emain Macha pour aller le continuer dans la forteresse de Cûchulainn. Mais ils sont tous complètement ivres et s'égarent à travers l'Irlande. C'est alors qu'ils arrivent devant la forteresse de Cruachan, résidence d'Ailill et de Mebdh, roi et reine de Connaught, ennemis jurés des Ulates. Un vieillard quelque peu prophète, interrogé par Mebdh sur la présence des Ulates, lui répond : « Leur

1. J. Loth, *Les Mabinogion*, I, pp. 130-132.

venue a été prédite depuis bien longtemps et on y a pensé. Voici ce qu'il faut faire : une maison de fer entre deux maisons de bois, avec une maison souterraine au-dessous, une plaque de fer très dur où seront entassés des fagots et du charbon de sorte que cette maison souterraine en soit pleine. On a prédit que les nobles d'Ulster seraient tous rassemblés une nuit dans la maison de fer[1]. » La similitude est assez remarquable pour qu'on s'y arrête avec intérêt.

Car l'histoire se poursuit avec les mêmes péripéties que dans le *Mabinogi*. La reine Mebdh décide de suivre les indications de la prophétie. Elle fait accueillir le plus aimablement du monde les Ulates et s'efforce de les divertir pendant qu'on s'active à construire la maison de fer qui sera le piège idéal pour lui permettre de se débarrasser de ses ennemis. Lorsque tout est préparé, les nobles d'Ulster se retrouvent — toujours ivres — dans la maison de fer, et on leur apporte en abondance nourriture et boisson, ce qui ne fait qu'accentuer leur état d'ébriété. Mais les hommes de Connaught referment ensuite la porte sur eux et fixent la maison à sept piliers de pierre grâce à sept chaînes de fer. Alors, « on amena trois fois cinquante forgerons qui activèrent le feu avec leurs soufflets. On fit trois cercles autour de la maison, on alluma le feu non seulement au-dessous mais encore au-dessus de la maison, de telle sorte que la chaleur du feu pénétra la maison ».

Bien sûr, les Ulates comprennent très vite dans quel piège ils sont tombés. Certains accusent Cûchulainn de les y avoir amenés, rejetant sur lui tout ce qui peut leur arriver de néfaste. Le héros, vexé par ces reproches qu'il juge injustifiés, déclare solennellement qu'il va tout faire pour tirer ses compagnons de la fâcheuse situation où ils se trouvent. Il enfonce alors son épée dans le mur et s'aperçoit que ces murs sont en fer. Il est impossible de les percer. Il saute alors en l'air, dans un de ces sauts dont il a le secret,

1. Trad. Guyonvarc'h, *Ogam*, XIII.

il démolit une partie du toit et finit par ébranler la forteresse entière[1]. Le roi Ailill, qui n'a pas eu voix au chapitre, intervient alors et reproche à son épouse d'avoir bafoué les lois de l'hospitalité. On conduit les Ulates dans une maison en bois de chêne et on leur fait parvenir de la bière et de la nourriture. Une fois de plus, les hommes d'Ulster sont ivres, mais ils se sentent malgré tout prisonniers. Défié par ses compagnons, Cûchulainn bondit et accomplit le « saut du saumon », une des spécialités qu'il a apprises pendant son séjour chez les sorcières d'Ecosse. Cela lui permet d'emporter la partie supérieure du toit et de se retrouver sur la toiture d'une autre maison. Mais l'essentiel reste acquis : il a libéré ses compagnons et surtout, il les a fait sortir du « four crématoire » dans lequel ils étaient condamnés à périr. Il s'ensuit une bataille épique entre les Ulates et les hommes de Connaught, mais les Ulates s'en tirent fort bien. La conclusion est simple : Cûchulainn est sorti vivant et plus fort que jamais — avec ses compagnons dont il est responsable — de cette épreuve du feu à laquelle on l'avait soumis.

Il n'est pas question d'un quelconque chaudron dans le récit irlandais, mais il n'est pas impossible qu'il ait été présent dans la tradition orale primitive qui a été transcrite ensuite par des moines chrétiens. La similitude entre le récit gallois et le récit irlandais le laisse en tout cas supposer. Car, on l'a bien vu, ce chaudron a une singulière importance dans le texte gallois, ce qui établit un lien direct entre le thème du chaudron et celui de la maison chauffée à blanc. Le parallélisme est simple : dans un cas comme dans l'autre, le feu — qui, chez les Celtes, n'est pas un élément en soi mais celui qui métamorphose les

1. Il ne faudrait pas oublier que la forteresse de type celtique n'est pas un château fort médiéval mais un enclos fortifié, généralement aménagé sur une hauteur, à l'intérieur de laquelle se dressent différentes constructions séparées les unes des autres. Il en est de même pour les monastères celtiques chrétiens du haut Moyen Age.

trois éléments fondamentaux, terre, air et eau, comme le prouve le symbole du *triskell,* c'est-à-dire de la triple spirale — joue un rôle primordial puisqu'il est un agent dynamique, l'agent de transformation par excellence et dont on ne peut se passer.

La comparaison s'impose ici avec les pratiques, mais surtout avec les idéaux, de l'alchimie traditionnelle. Il ne s'agit pas de prétendre que les anciens Celtes connaissaient et pratiquaient l'alchimie, ce qui semble totalement exclu, il s'agit seulement d'insister sur un *parallélisme :* le but poursuivi est le même, *la transformation* pour ne pas dire la *transfiguration* de l'être. Dans les récits irlandais ou gallois, comme dans certains contes populaires de Bretagne armoricaine [1], le chaudron — qui contient une nourriture divine procurant l'immortalité à ceux qui la partagent — et l'athanor des Alchimistes — où s'opère lentement mais sûrement la métamorphose de la Matière première brute en Pierre philosophale purifiée, élaborée et *spiritualisée* — ont une équivalence certaine.

L'athanor et le chaudron contiennent quelque chose qui *abreuve* et qui *nourrit.* C'est ce contenu que l'on absorbe au cours du *festin.* Les participants à ce festin atteignent la *satiété* en fait de nourriture, et l'*ivresse* en fait de boisson, dans une authentique orgie qui les fait passer d'un plan de conscience à un autre. Dans le récit du *Mabinogi,* l'excès de nourriture, l'ivresse et le feu sont des éléments complémentaires. Et c'est grâce à eux que l'homme roux peut sortir indemne de cette épreuve.

1. Un conte, recueilli dans le Trégor par Luzel au XIXe siècle, et publié par lui sous le titre « La Perruque du roi Fortunatus », dont il existe d'autres versions dans les diverses régions de Bretagne — dont une que j'ai publiée sous le titre la *Saga de Yann* dans mon ouvrage sur *La Tradition celtique en Bretagne armoricaine,* Paris, Payot, 1975 — est tout à fait conforme au schéma primitif. On y voit, en effet, un jeune homme réussir différentes épreuves initiatiques fort périlleuses être condamné au bûcher. Mais, enduit d'un onguent fourni par un sorcier, il sort du brasier plus vivant que jamais, et surtout beaucoup plus beau qu'autrefois (pp.166-167).

Car la « Maison chauffée à blanc » est un rite sacrificiel initiatique, en relation très nette avec *Samain,* et qui évoque en particulier ce qu'écrivent certains auteurs de l'Antiquité à propos des sacrifices humains ou soi-disant tels. Les Gaulois « ont de grands mannequins aux parois d'osier, qu'ils remplissent d'hommes vivants ; ils y mettent le feu, et les hommes y meurent, enveloppés par les flammes [1] ». Le scholiaste de Lucain dit à peu près la même chose à propos des sacrifices au dieu Taranis : « On brûle un certain nombre d'hommes dans une cage de bois. » Strabon, quant à lui, affirme que les Gaulois « fabriquaient un colosse avec du bois et du foin, y enfermaient des animaux sauvages et domestiques ainsi que des hommes, et brûlaient le tout [2] ». De quoi s'agit-il exactement ?

Pour répondre à cette question, il est nécessaire de recourir aux coutumes populaires qui perdurent dans les campagnes depuis des siècles. Après tout, l'ancienne fête de *Samain* n'est plus célébrée, mais elle survit, nous l'avons dit, sous une forme religieuse, la Toussaint chrétienne, et sous une forme populaire, folklorique, *Halloween,* laquelle est indiscutablement *carnavalesque.* Le mannequin signalé par César, la cage en bois du scholiaste de Lucain et le colosse de Strabon sont évidemment comparables au mannequin grotesque de Sa Majesté Carnaval, que l'on brûle après la fête. Mais si l'on va au fond des choses, on s'aperçoit que le Carnaval correspond à un renversement symbolique des valeurs, en un temps où les « exclus » deviennent « inclus » tandis que ces derniers sont refoulés dans la troupe des « exclus ».

Or, depuis des siècles, parmi les « exclus », c'est-à-dire ceux qui vivaient en marge de la société, se trouvaient les forgerons et les lépreux. Les forgerons, maîtres du feu, avaient une activité suspecte, souterraine, presque démo-

1. César, *De Bello Gallico,* VI, 16.
2. *Ibid.,* V, 5.

niaque. On avait besoin d'eux, mais on les craignait parce qu'ils connaissaient les secrets de la terre, de ses minerais et de ce feu mystérieux qui grondait sournoisement dans un monde obscur. Les forgerons formaient donc une « caste » indispensable qui était acceptée, mais dont on se méfiait et qui était le plus souvent maintenue à l'écart des habitations. Quant aux « lépreux », ils étaient écartés de la communauté parce qu'on craignait d'être contaminé par eux. On remarquera qu'il y a une similitude entre les forgerons et les lépreux : en effet, les lépreux se plaignent d'être brûlés par un feu intérieur, d'être en quelque sorte dévorés par leur mal et de se consumer jusqu'à devenir des tas de cendre. Les lépreux vivaient donc en communauté, mais en dehors du village. Cependant, il ne faut pas être dupe d'une classification simpliste : dans de nombreux cas, les lépreux, qu'on appelait également les « cacous » dans certaines régions, n'étaient pas tous atteints de la terrible maladie. Et bien souvent, dans le langage habituel des campagnes, les lépreux sont avant tout des *marginaux* qui vivent en dehors des normes de la société officielle.

On se demandera pourquoi les lépreux entrent en ligne de compte dans cette exploration des rituels de la fête de *Samain*. La réponse sera simple, mais elle découlera d'un raisonnement assez subtil. Il faut savoir que les lépreux, — réels ou supposés tels — exerçaient pour la plupart le métier de cordier. Du fait qu'ils habitaient en dehors des limites d'une agglomération, ils disposaient d'un vaste espace pour tresser les fibres de chanvre et tirer leurs cordes. Or, le folkloriste Claude Gaignebet, l'un des meilleurs connaisseurs contemporains des traditions populaires en France, rappelle avec raison que bien souvent le feu de Carnaval est appelé « feu de bordes, ou bordelinière, cabanou ou cabanelle. Ces noms désignent une cabane, précisément une de celles construites dans des zones limites : la hutte du lépreux [1] ».

1. Claude Gaignebet, *Le Carnaval,* Paris, Payot, 1974, p. 74.

Un autre folkloriste, Van Gennep, se demandait pourquoi on appelait « cabanes » les bûchers de Carnaval, alors que le propre d'une cabane — mot qui provient, comme « cave » du latin *cava,* « creuse » — est d'être creuse, ce que n'est évidemment pas un bûcher.

Cette question se posait, certes, mais c'était méconnaître le bûcher à la mode celtique. Or, nous en avons une description assez précise dans un récit irlandais, *Le Siège de Druim Damghaire.* Au cours d'une bataille — magique — le druide Mogh Ruith demande à son assistant de préparer un feu. Celui-ci « le forma comme une baratte, avec trois côtés et trois angles, mais sept portes, alors qu'il n'y avait que trois portes dans le feu du nord [1]. Il n'était ni disposé, ni arrangé, mais on avait mis le bois en tas [2] ». L'ensemble du rituel n'apparaît pas clairement, mais il semble que la construction du bûcher dépendait de l'orientation, et que cette orientation ne tenait compte que de trois points cardinaux.

On peut donc supposer que ce bûcher n'était pas complètement plein. Et la solution, selon Claude Gaignebet, est fournie par la hutte du lépreux-cordier : « Le bûcher était primitivement construit en forme de cabane, avec les déchets du chanvre, et surmontait une fosse creusée dans le sol. On connaît de tels sites souterrains, le plus souvent en forme de bouteille. Au bas, une banquette permettait de s'asseoir. Les lépreux ou les membres des confréries initiatiques de Carnaval une fois descendus dans ces fosses, le feu brûlait au-dessus d'eux. Les vapeurs de chanvre auxquelles ils étaient soumis les faisaient voyager dans l'au-delà [3]. » Car le chanvre européen, sans avoir la puissance du « chanvre indien », le trop fameux cannabis, fait quand même rêver et a été longtemps employé dans les cam-

1. Mogh Ruith engage le combat — druidique — pour le compte des Irlandais du Sud contre les Irlandais du Nord, qui ont eux-mêmes un druide préparant lui aussi un feu magique, mais dont les pouvoirs sont beaucoup plus limités.

2. Trad. M.-L. Sjœstedt, *Revue celtique,* XLIII, p. 109.

3. *Le Carnaval, op. cit.,* p. 74.

pagnes. Il est probable que les druides s'en servaient, parallèlement à certains champignons hallucinogènes.

Cela ouvre une autre perspective sur les « sacrifices humains » qu'on a tant reprochés aux Gaulois, et surtout cela fait regarder les « mannequins enflammés » sous un tout autre aspect. Il s'agit d'une mort initiatique, donc d'un sacrifice symbolique par lequel on peut acquérir une vision intérieure de l'Autre Monde. Tout cela est bien dans la tonalité de *Samain,* fête totale où les participants *décrochent* du réel et peuvent atteindre l'invisible.

Par conséquent, il convient de considérer la mort tragique d'un roi, telle qu'elle est décrite dans les récits épiques, comme un sacrifice symbolique par lequel le roi meurt *pour mieux renaître.* Puisque *Samain* est à la charnière non seulement entre deux saisons mais entre deux années, et que le nom même de la fête signifie « affaiblissement de l'été », le roi, qui est le pivot de la société celtique, est lui-même en plein affaiblissement. On peut alors parler d'usure du pouvoir.

Ce pouvoir doit donc être régénéré. Il faut tuer le vieil homme afin qu'il ressuscite. Une fois cette *re-naissance* accomplie, et grâce au contact intime qu'il a eu avec l'Autre Monde, le roi a recouvré sa force et peut affronter l'année qui commence. C'est le sens le plus probable des rituels de *Samain,* aussi bien du sacrifice du taureau, de la cueillette du gui, de la mort symbolique du roi que des festins interminables au cours desquels la satiété et l'ivresse permettent d'atteindre un niveau de conscience qui n'a plus rien de commun avec celui de la vie quotidienne.

Deuxième partie

LA NUIT FANTASTIQUE

Une fête totale comme *Samain,* à la fois politique, juridique, économique et religieuse ne peut être célébrée dignement si elle ne comporte pas des éléments qui appartiennent à la dramaturgie. Il en a été toujours ainsi dans les sociétés historiquement connues. En Grèce, par exemple, les Olympiades, avant d'être une série d'épreuves sportives, ont été des cérémonies religieuses en l'honneur de Zeus et des dieux de l'Olympe. On pourrait en dire autant des « jeux du cirque » à Rome, qui, avant de devenir un exutoire pour une populace avide de sensations fortes, n'étaient pas autre chose que des sacrifices rituels en l'honneur de telle ou telle divinité. D'après tous les témoignages recueillis dans les manuscrits irlandais, il en était de même chez les Celtes : obligatoirement, la fête de *Samain* ne se déroulait pas sans qu'il y eût des « jeux ». Mais là où tout se complique, c'est que l'on ignore ce qu'étaient réellement ces jeux.

Les jeux liturgiques de Samain

Dans toutes les civilisations, autant qu'on puisse en connaître les périodes les plus archaïques, la religion et les arts, d'une façon générale, étaient indissolubles. Les peintures des grottes paléolithiques sont peut-être des manifestations artistiques, mais elles sont aussi à but religieux, ou du moins magique. Il en est de même pour tous les mystérieux pétroglyphes qui ornent les supports des monuments mégalithiques : ceux qui les ont gravés dans la pierre avaient un but qui n'était pas qu'esthétique. Mais tout cela relève de civilisations qui sont classées comme préhistoriques et sur lesquelles, faute d'informations claires et précises, on ne peut émettre que des suppositions toujours susceptibles d'être abandonnées ou modifiées. Par contre, grâce à l'écriture autant qu'à ses monuments figurés, la Grèce a légué à l'humanité des témoignages de premier ordre qui peuvent servir d'éléments comparatifs si l'on veut étudier une civilisation de type oral comme celle des anciens Celtes.

Si l'on prend comme base les tragédies d'Eschyle, on retrouve non seulement les grands mythes qui ont nourri la tradition hellénique mais les éléments incontestables d'une liturgie passée du domaine proprement religieux au domaine profane, devenue en quelque sorte un spectacle vidé de son sens spirituel. Pourtant, celui-ci reste tout à fait discernable, et la tragédie elle-même demeure une liturgie. La signification de ce mot *tragédie* en indique l'origine sacrée : étymologiquement, c'est le « sacrifice du bouc », autrement dit un rituel sanglant au cours duquel est tué un animal de substitution. Mais dans les tragédies d'Eschyle, ce sont réellement des êtres humains — ou divins — qui sont sacrifiés en l'honneur de cette divinité toute puissante qui régit sans pitié, sans compassion, aussi bien les humains que les dieux, à savoir l'*Anankê,* « la nécessité », autrement dit le *Fatum* des Latins, le *Destin.*

Tout le théâtre d'Eschyle est empreint de cette métaphysique si particulière des Grecs, ce qui prouve incontestablement que le dramaturge n'a fait que transcrire à l'usage d'un public laïque des liturgies sacrées que, même à son époque, on ne comprenait plus très bien. Mais la notion de sacrifice rituel y persiste : Prométhée, Œdipe et Oreste sont des victimes propitiatoires, et le personnage ambigu d'Iphigénie — en Tauride — n'est pas sans évoquer le culte sanguinaire rendu à la grande déesse solaire des Scythes, cette Artémis dont les Romains ont fait la « chaste Diane ». Les archaïsmes ne manquent pas chez Eschyle, ce qui confère à ses tragédies une grande authenticité que l'on ne retrouve plus chez Euripide : ici, tout est devenu littéraire, de bon ton, dans le goût du classicisme athénien, donc nécessairement passé du stade du sacré au stade du profane. Pourtant, la structure mythologique y est encore très apparente.

De plus, dans ce théâtre grec, issu des plus anciennes liturgies sacrées, on assiste, comme d'ailleurs, sur un plan purement épique, chez Homère, à une confrontation perpétuelle entre le visible et l'invisible. Les humains pénètrent facilement l'univers des dieux, mais les dieux se projettent sans cesse dans le monde terrestre, se mêlant des affaires des hommes et, le plus souvent, manipulant selon leur bon plaisir les êtres vivants avec arrogance et cruauté. On retrouve tout cela dans les tragédies de Racine qui, sous une forme policée et raffinée, n'en sont pas moins les dernières manifestations des rituels sanglants de la Grèce antique. Or, cette interpénétration des deux mondes, le visible et l'invisible, cette « cohabitation » entre les dieux et les hommes, ces interventions des dieux dans les affaires humaines tout comme les interventions des mortels dans les affaires divines, tout cela est inscrit dans la fête celtique de *Samain*.

Mais quelles sont donc les tragédies qui auraient pu être « célébrées » pendant *Samain ?* On n'en possède aucune, ce qui ne veut pas dire qu'elles n'aient pas existé. En dehors de quelques allusions contenues dans le *Mabinogi* gallois et des constantes références à des jeux funèbres dans les récits irlandais, on ne sait rien sur un hypothétique théâtre celtique. De plus, les premières manifestations qu'on peut classer comme dramatiques chez un peuple celtophone comme les Bretons armoricains ne remontent pas au-delà du XVIe siècle. Encore faut-il préciser que ce sont des drames religieux chrétiens qui n'ont guère de rapport avec l'ancienne mythologie celtique.

Il y a pourtant là une indication précieuse : en Bretagne armoricaine, au cours du XVIe siècle, on interprétait des drames sacrés. Cette constatation conduit à une comparaison avec ce qui a présidé à la naissance du théâtre dans la France médiévale. On sait en effet que, lors des offices religieux où l'on procédait à une lecture des textes scripturaires ou des vies des saints, on a eu de plus tendance non seulement à déclamer mais à *mimer* certains épisodes, cela dans le but de les rendre plus compréhensibles à un public de fidèles en majorité illettrés et de les graver ainsi plus sûrement dans la mémoire. Et comme ces lectures mimées, *partie intégrante de la liturgie,* se compliquaient et se chargeaient d'éléments nouveaux au fil des ans, le clergé, au XIe siècle, a jugé utile de les dissocier de la célébration proprement dite et de les présenter à l'extérieur du sanctuaire, donc, au sens étymologique, de les rendre profanes, c'est-à-dire « devant le temple ».

Ainsi sont nés *le Jeu d'Adam* et autres drames sacrés qui, en s'enrichissant par la suite, sont devenus les célèbres *mistères* (avec un « i », du latin *ministerium,* « office », et non pas du grec *mustos,* « caché », « secret » d'où provient le français *mystère*). Comme chez les Grecs, le théâtre en France a une origine religieuse, liturgique pour être précis. Et à l'évidence, il a dû en être de même chez tous les peuples celtes. Mais où se cachent ces drames liturgiques de *Samain* ?

La réponse ne peut être qu'une hypothèse, mais elle est très simple : dans les récits épiques et mythologiques où des aventures exceptionnelles ainsi que des morts tragiques de rois ou de héros se situent dans le temps de *Samain.* A cet égard, trois textes irlandais sont significatifs, le récit de *La Seconde Bataille de Mag-Tured,* celui de

La Mort de Muirchertach, et celui, bref mais très archaïque, des *Aventures de Néra.* Ils paraissent, en effet, être des récits littéraires — destinés à être racontés — qui transposent sur un plan narratif des liturgies plus anciennes réduites à l'état de traditions orales, qui n'étaient plus célébrées parce qu'elles étaient païennes et qu'elles ont été transcrites par des moines chrétiens, et qui bien souvent n'étaient plus guère comprises dans leur essence profonde. Ces récits font penser à des scénarios à partir desquels on aurait pu, si on l'avait voulu, bâtir des représentations dramatiques d'une durée équivalente à celle de la fête, comme c'était le cas dans la France médiévale.

La Bataille de Mag-Tured raconte la victoire définitive des anciens dieux, les *Tuatha Dé Danann* (tribus de la déesse Dana) sur les forces obscures et oppressives que sont les *Fomoré.* Les tribus de Dana avaient été vaincues et soumises aux *Fomoré* au cours d'une première bataille en ce même lieu de la plaine de Tured, au cours de laquelle leur roi, Nuada, avait perdu un de ses bras. Or, comme l'intégrité physique du roi va de pair avec l'intégrité du royaume, Nuada, même avec un bras d'argent qu'on lui avait mis, ne pouvait plus prétendre à régner, et la royauté avait été confiée à un certain Bress qui, par sa naissance, appartenait aux deux races des *Fomoré* et des *Tuatha.* Mais Bress s'étant montré un roi injuste, procurant aux *Fomoré* tout ce que ceux-ci demandaient, les *Tuatha,* désireux de secouer ce joug odieux, avaient repris Nuada comme roi après lui avoir fait « greffer » miraculeusement ou magiquement un bras humain. Bien entendu, Bress, dépossédé de son pouvoir, entraîne les *Fomoré* dans une lutte acharnée contre les *Tuatha.*

C'est alors qu'intervient un autre personnage divin, appartenant lui aussi aux deux races des *Fomoré* et des *Tuatha,* le fameux Lug au Long Bras, le « Multiple Artisan », celui qui a en lui toutes les fonctions attribuées à la divinité. Mais contrairement à Bress qui joue le rôle de l'oppresseur, du serviteur des forces ténébreuses, Lug va se présenter comme un héros de lumière, un libérateur. C'est donc lui qui, ne faisant même pas partie de l'état-major des tribus de Dana, va les conduire à la victoire au cours d'une bataille dont les innombrables péripéties sont autant de symboles de la lutte entre deux forces antagonistes et dont l'issue sera la mort du chef des *Fomoré,* une sorte de géant à l'œil foudroyant du nom de Balor. Et ce sera précisément Lug, petit-fils de ce Balor, qui tuera ce monstre d'une balle de fronde, délivrant ainsi les tribus de Dana de leurs ennemis de toujours et permettant de rééquilibrer un royaume en pleine décomposition[1].

Or, il est bien précisé que ces événements se déroulent pendant le temps de *Samain.* Il s'agit bien entendu d'une bataille mythique, comparable à la lutte des Olympiens contre les Géants, ou encore, dans le domaine germano-scandinave, de celle des Ases contre les Vanes. On pourrait dire que c'est une « théogonie » où le fantastique met en relief les fonctions divines, en particulier celle qui donne le pouvoir aux dieux de se reconstituer après s'être démembrés. Les exemples ne manquent pas de dieux ou de héros (Osiris, Dionysos et bien d'autres), qui sont victimes d'ennemis représentant les forces obscures et destructrices rôdant en permanence dans l'univers, qui ont le corps coupé en morceaux, mais qui finissent par renaître intacts. Ces batailles fantastiques sont autant d'indications qui permettent de supposer d'antiques rituels de *ré-génération* ou de *re-naissance*.

Il en est de même dans *La Mort de Muirchertach,* mais avec un aspect nettement plus répressif. Comme dans le récit de *La Destruction de l'hôtel de Da Derga,* déjà cité à propos du meurtre rituel du roi Conairé le Grand, c'est vraiment parce qu'il a négligé ses devoirs de roi, oubliant

1. On pourra lire le récit de cette bataille dans *Les Conquérants de l'Ile verte, op. cit.*

d'assurer l'harmonie dans son royaume, que Muirchertach périt victime des sortilèges de la mystérieuse Sin : le roi est usé par le pouvoir, il doit disparaître et laisser sa place à un autre, plus jeune, plus fort, plus audacieux, comme c'est le cas pour le Roi Pêcheur de la légende du Graal [1]. Et tout indique que les événements relatés dans ce récit — qui se déroulent au temps de *Samain,* au milieu des fantômes surgis de la nuit, sur des pentes raides où les non-initiés peuvent glisser et se retrouver dans des gouffres d'enfer — sont les moments essentiels d'une tragédie sacrée dont on a perdu le texte original [2].

Le récit des *Aventures de Néra,* dont le texte est souvent obscur à force d'archaïsmes et parfois lacunaire, est néanmoins révélateur de cette volonté qu'ont eue les moines irlandais de fixer par écrit ce qui subsistait des rituels de leurs ancêtres, même si ces rituels leur paraissaient quelque peu « diaboliques ». Mais en comprenaient-ils la portée ? Ce n'est pas sûr. Dans ce récit, le temps est en quelque sorte aboli et toutes les péripéties se déroulent en un unique instant symbolique. Le roi Aillill et la reine Mebdh de Connaught sont dans leur forteresse de Cruachan, en compagnie de quelques fidèles, autour du feu et cuisant de la nourriture dans un vaste chaudron. C'est la soirée de *Samain.* Tout à coup, le roi déclare qu'il accordera la récompense de son choix au guerrier qui aura le courage d'aller nouer un brin d'osier autour du pied d'un des deux captifs qui sont suspendus dans une sorte de « maison de tortures ». Le récit prend alors une étrange dimension : « Grandes étaient les ténèbres, cette nuit-là. Tous les hommes voulurent y aller, mais chacun d'eux revint au plus vite sans avoir mis le brin d'osier autour du pied du prisonnier. Tous avaient peur des fantômes qui rôdaient dans la forteresse. » Si l'on comprend bien, il

1. Voir *Galaad et le Roi Pêcheur,* vol. 7 du *Cycle du Graal, op. cit.*
2. On pourra lire ce récit dans *Les Seigneurs de la brume, op. cit.*

s'agit bel et bien de la description de ce qui se passe actuellement pendant la soirée du 31 octobre, à cette différence que, là, ce sont de *vrais* fantômes et non des enfants qui se déguisent. Le texte irlandais insiste sur la terreur qui saisit les guerriers, même les plus courageux.

Il y en a pourtant un qui relève le défi, un certain Néra. Le roi lui promet sa belle épée à poignée d'or s'il réussit l'épreuve. Mais Néra est prudent. Avant d'aller affronter cette épreuve, il prend soin de revêtir une solide armure. Cependant, dès qu'il arrive dans la « maison des tortures », l'armure tombe trois fois de suite, et c'est l'un des captifs qui lui donne la solution pour la faire tenir : la fixer avec un clou. C'est ce que fait Néra, et l'armure tient bon. Il réussit donc ce qu'il a promis de faire et, à ce moment, le captif lui dit : « Par ta vraie valeur, prends-moi sur ton dos pour que je puisse aller boire avec toi. J'avais très soif quand on m'a pendu ici. » On remarquera que le captif est *pendu,* ce qui renvoie au rituel dit de Teutatès, et qu'il est asséché, en quelque sorte étouffé, ce qui est conforme d'une part à ce que prétend le scholiaste de Lucain et d'autre part à ce qui est représenté sur le Chaudron de Gundestrup.

Néra acquiesce à la demande du prisonnier. Il le prend sur son dos et l'emporte vers la plus proche maison et, tout à coup, on se trouve plongé dans un univers fantasmagorique. La maison est, en effet, entourée par « un courant de feu » et le captif dit à Néra : « Il n'y a rien de bon dans cette maison, car il n'existe pas de feu sans sobriété. » Ils vont alors vers une deuxième maison, mais celle-ci est entourée d'un lac. Le captif reprend la parole : « N'allons pas dans cette maison. Elle n'a sûrement pas de cuve, sinon pour se laver, se baigner, ou encore faire la vaisselle. » De toute évidence, le prisonnier veut boire autre chose que de l'eau et sa soif est symbolique : comme tous les participants au festin de *Samain,* il veut être ivre pour *décrocher* dans l'Autre Monde.

Ils entrent dans une troisième maison et Néra dépose son

fardeau sur le sol. « Dans la pièce se trouvaient effectivement des cuves pour se baigner et se laver, mais chacune d'elles contenait un breuvage. [...] Après avoir bu une gorgée dans chacun des récipients, le captif souffla la dernière goutte hors de ses lèvres sur les habitants de la maison, lesquels en moururent tous. » Ces breuvages ne sont-ils pas réservés à ceux qui sont prédestinés ? On ne peut expliquer autrement les raisons cette étrange façon de faire périr des gens qui n'ont manifesté aucune intention hostile ni envers le prisonnier ni envers Néra lui-même. C'est en tout cas l'indication que le contenu des cuves est un breuvage sacré. Et le sacré peut s'avérer dangereux autant que bénéfique.

Ayant accompli sa promesse, Néra reprend son prisonnier sur le dos et veut retourner à la maison des tortures. « Mais il vit une chose surprenante : à la place de la forteresse, la colline était brûlée devant lui et, dans le monceau de têtes fichées sur des pieux qui en occupaient la surface, il reconnut les têtes d'Ailill, de Mebdh et de tous leurs familiers. » On devine l'ahurissement de Néra. Et « comme une foule de guerriers s'engageaient dans l'ombre, il les suivit à l'intérieur du tertre ». Or le tertre, c'est-à-dire un *cairn* mégalithique, est censé être la demeure du peuple féerique, les tribus de la déesse Dana. Sans s'en rendre compte, Néra, à la suite du bizarre rituel auquel l'a soumis son prisonnier, a pénétré directement dans l'Autre Monde. Alors tout bascule, le temps comme l'espace.

On comprend que le site de Cruachan est à deux niveaux. Le niveau supérieur, apparent, est celui de la forteresse d'Ailill et de Mebdh. Ceux-ci sont peut-être des êtres mythiques, mais ils sont considérés ici comme des humains, le roi et la reine de cette province occidentale, la plus pauvre de toute l'Irlande, le Connaught. Mais au niveau inférieur, invisible la plupart du temps, se trouve le fameux *sidh,* domaine où, depuis qu'ils ont été défaits par les Fils de Milé (les Gaëls), les anciens dieux des tribus de Dana se sont réfugiés. Et ce domaine féerique — ou divin, si l'on préfère — est absolument parallèle à celui d'en haut : on y trouve des forteresses, des maisons, des prés, et aussi des richesses fabuleuses. C'est donc dans le *sidh* que se trouve Néra. On le conduit devant un « roi » qui lui ordonne d'aller trouver une femme qui vit seule dans une maison et de lui apporter chaque jour un fagot de bois.

Néra va donc dans cette maison, couche cette nuit-là avec la femme, puis accomplit son devoir quotidien envers le roi. Car il reste là pendant une durée indéterminée, étant témoin de choses parfois surprenantes, comme de la présence d'une fabuleuse couronne gardée par un aveugle et un boiteux. Et, un jour, il finit par poser des questions à sa « femme ». Celle-ci lui explique que c'est la couronne magique du roi Briun qui confère à celui qui la porte une autorité suprême incontestable. Puis Néra lui dit : « Une chose me tracasse encore. Je me demande ce qui s'est passé le jour où j'ai pénétré dans le tertre. J'ai vu que la forteresse de Cruachan avait été détruite et incendiée et que les gens de ton peuple ont tué Ailill et Mebdh, ainsi que toute la maisonnée. »

La femme lui révèle alors la vérité sur les fantasmagories dont il a été le témoin. « Ce n'est pas exact. C'est une armée d'ombres qui est allée dans la forteresse. Mais ce que tu as vu se réalisera si tu n'avertis pas les tiens. » Néra lui demande comment il pourrait le faire. La femme répond : « Lève-toi et va vers eux. Ils entourent toujours le chaudron, et ce qu'il contient n'a pas encore été mangé. » En somme, la femme trahit son peuple en faveur de Néra. Elle va même plus loin, elle conseille à Néra de dire à Ailill et à Mebdh de venir détruire le *sidh* à la prochaine fête de *Samain*. Enfin, elle lui révèle qu'elle est enceinte et qu'elle donnera le jour à un fils. « Quand ton peuple viendra détruire le tertre, envoie un message pour me prévenir afin que je puisse me mettre à l'abri ainsi que ton troupeau. Et toi-même, tu pourras revenir ici quand tu le voudras. » Mais comme Néra doute que le roi et la reine de

Connaught puissent croire son récit, la femme lui conseille de cueillir des « primeroses, de l'ail sauvage et des fraises » végétaux qui sont plutôt anachroniques par rapport à la période de *Samain,* afin de prouver la véracité de ses dires.

Voici donc Néra de retour dans la forteresse. Contrairement à ce qu'il avait vu avant de pénétrer dans le tertre, il ne remarque rien d'anormal. « Il lui semblait avoir séjourné trois jours dans le tertre. Or, en arrivant dans la maison, il trouva Ailill et Mebdh, ainsi que leurs familiers autour du chaudron. » Il raconte alors qu'il a accompli ce que demandait Ailill, à savoir nouer un brin d'osier autour de la jambe d'un prisonnier, puis il fait part au roi et à la reine de Connaught de ce qu'il a appris au sujet de la destruction du *sidh* par eux, l'année suivante, lors de la fête de *Samain.* Ailill donne alors son épée à la poignée d'or à Néra, et s'engage à entreprendre une expédition contre le *sidh.*

L'année se passe. « Trois jours avant *Samain,* Ailill avertit Néra qu'il était temps pour lui d'aller, comme convenu, protéger la femme et ses biens. » Néra retourne donc dans le *sidh* où la femme lui présente son fils. Puis il s'en va avec la femme, son fils et le troupeau. Mais on ne précise pas l'endroit où ils se réfugient. Alors, « la veille de *Samain,* Ailill et Mebdh rassemblèrent les hommes de Connaught et allèrent assaillir le tertre. Après l'avoir détruit, ils emportèrent toutes les richesses qu'il recelait. Et voilà comment Ailill et Mebdh eurent la couronne de Briun qui leur conférait la suprématie sur les autres peuples de l'Irlande. Quant à Néra, il repartit dans le tertre avec sa femme, son fils et son troupeau, et il y vécut depuis lors[1] ».

Etrange histoire… La liturgie dramatique apparaît clairement dans la structure narrative. Il s'agit bel et bien d'un drame initiatique. La première étape est une épreuve : vaincre la peur des fantômes qui hantent la nuit de *Samain.*

1. Récit intégral dans le chapitre intitulé « Démons et Merveilles », *Les Conquérants de l'Ile verte,* vol. 1 de *La Grande Epopée des Celtes, op. cit.*

La seconde étape, celle qui consiste à emmener le « pendu » boire un breuvage enivrant et magique, est comparable, pour Néra, à la possession par Enée du rameau d'or indispensable pour pénétrer dans l'Autre Monde. La troisième étape est le séjour de Néra dans le *sidh* où il acquiert les pouvoirs surnaturels du peuple féerique : il est passé à un niveau de conscience supérieur et acquiert en quelque sorte le « don de double vue ». Mais il n'a pas perdu tout contact avec les siens, et c'est pourquoi il revient les prévenir des dangers qui les menacent. Ce faisant, il procède à un véritable rituel de régénération de la puissance royale représentée par Ailill et Mebdh : la possession de la couronne de Briun en est le témoignage, puisqu'elle donne la suprématie sur tous les peuples de l'Irlande. Néra a accompli un devoir sacré : il a été le prêtre d'une liturgie étrange qui, au moment de *Samain,* permet au roi de régénérer sa puissance faiblissante à la fin de l'été afin qu'il puisse affronter une nouvelle année. Quant à Néra, en tant que « prêtre », il a atteint l'immortalité et peut vivre en dehors du temps et de l'espace.

On remarquera que tout se passe entre deux nuits de *Samain,* c'est-à-dire pendant la durée d'une année. Il en est de même dans un autre récit du cycle d'Ulster, *La Maladie de Cûchulainn.* Lors d'une fête de *Samain,* le héros blesse d'une balle de fronde deux oiseaux blancs qui étaient en réalité deux jeunes filles du *sidh,* la fée Fand et sa suivante. Fand était tombée amoureuse de Cûchulainn, mais la blessure que celui-ci lui a infligée est une sorte d'injure. Elle lance sur lui un sortilège qui le maintiendra pendant un an en état de léthargie, pour ne pas dire de maladie. Il ne guérira qu'à la prochaine fête de *Samain* en allant dans l'Autre Monde et en ayant une liaison amoureuse avec la fée [1]. Mais il sort de cette aventure plus puissant et plus efficace

1. Récit complet dans *Le Héros aux cent combats,* vol. 3 de *La Grande Epopée des Celtes, op. cit.*

que jamais. On peut prétendre que, dans cette épreuve qu'il a subie, une sorte de mort temporaire, il a renouvelé son énergie et qu'il est capable d'accomplir l'année suivante d'étonnants exploits.

L'interconnexion avec l'Autre Monde

Ce qui est frappant dans tous ces récits qui concernent la fête de *Samain,* c'est l'interpénétration du monde des vivants, celui qui est visible, et du monde des dieux, des héros et des défunts, celui qui est invisible mais qui est toujours présent, parallèlement à l'univers de la vie quotidienne. Dans la nuit de *Samain,* les frontières entre la vie et la mort ne sont plus des barrières infranchissables, et chacun peut passer d'un bord à l'autre sans problème, comme dans cet épisode du récit gallois de *Peredur* où les moutons blancs qui passent l'estuaire deviennent noirs en arrivant sur la rive opposée, et où les moutons noirs qui viennent de ce bord opposé deviennent blancs quand ils arrivent de l'autre côté. C'est alors que s'effectue ce qu'on pourrait appeler *le passage des âmes.* Quand on y réfléchit, les cortèges carnavalesques d'*Halloween* en sont l'illustration la plus éclatante [1].

Un texte irlandais est précis sur ce sujet, le récit des *Enfances de Finn.* Le héros de cette histoire, Finn mac Cool (le célèbre Fingal des romantiques), se rend chez le poète Cethern, fils de Fintan, pour apprendre auprès de lui

1. Il faudrait s'interroger sur la signification réelle des « danses macabres », celles de La Chaise-Dieu (Haute-Loire), de Kermaria-en-Isquit (Côtes d'Armor) et de Kernascléden (Morbihan) en particulier. On a trop insisté sur l'aspect moralisateur de ces fresques sans penser qu'il pourrait s'agir d'un hymne triomphal en l'honneur de la « Communion des Saints », autrement dit de l'interconnexion entre les deux mondes. On trouvera quelque chose d'équivalent dans l'église d'Ennezat (Puy-de-Dôme) avec une peinture murale du XVe siècle qui mêle trois défunts et trois « vifs ». Ces exemples, parfaitement visibles, suffiraient parfaitement pour justifier les grotesques cortèges d'*Halloween.*

la science et la divination. « Il y arriva quelques jours avant la fête de *Samain* [...] et y trouva une assemblée de poètes. [...] Le soir venu, tous deux s'en allèrent flâner dans la prairie, sous un tertre qu'on appelait le *sidh Ele.* Finn demande au poète pourquoi ce tertre est ainsi appelé. L'autre lui répond : « Au nombre des habitants de ce tertre se trouve une fille d'une merveilleuse beauté qui porte le nom d'Ele. C'est en son honneur que nous appelons le tertre de cette manière, tant sa beauté surpasse celle de toutes les autres femmes. On ne la voit pourtant que la nuit de *Samain,* car durant cette fête, tu le sais, les tertres sont tous ouverts : leurs habitants peuvent venir vers nous et nous pouvons aller vers eux, visiter leurs immenses domaines et parcourir leurs palais merveilleux[1]. »

Ce qui est en haut est comme ce qui est en bas, affirme le texte hermétiste connu sous le nom de *Tabula Smaragdina,* « la Table d'Emeraude ». C'est le cas ici. « Le soleil venait à peine de disparaître que les tertres s'ouvrirent [...]. Finn vit en sortir une foule de gens qui, de tertre à tertre, échangèrent de joyeuses paroles, et il remarqua qu'ils s'apportaient mutuellement de quoi boire et de quoi manger. En apparence, tout le monde semblait festoyer, [...], les habitants du tertre ne manifestant aucune hostilité vis-à-vis des gens massés dans la prairie[2]. »

Cependant, le sacré peut être dangereux. Ceux qui sont massés dans la prairie prennent des risques. Ce sont, en effet, des hommes qui viennent là chaque nuit de *Samain* pour apercevoir, ne fût-ce qu'un instant, la belle Ele dont ils sont éperdument amoureux. Et chaque année, l'un d'eux est mystérieusement tué d'un coup de javelot. Or Finn s'est juré de faire cesser ce jeu sanglant. Il guette dans l'ombre et, au moment où Ele apparaît dans sa fascinante beauté, il remarque « un homme vêtu de gris sombre qui,

1. J. Markale, *Les Triomphes du roi errant,* vol. 4 de *La Grande Epopée des Celtes, op. cit.,* p. 67.
2. *Ibid.,* p. 71.

sortant du tertre, suivait la femme à une certaine distance. Et cet homme portait un javelot ». Alors, au moment où l'homme lève le bras, prêt à envoyer son javelot sur l'un des soupirants, Finn jette sa lance sur lui et le transperce. « Avec un grand cri de douleur, l'inconnu s'effondra, mais pour se relever immédiatement, s'enfuir en courant vers le *sidh Ele* et y disparaître. »

Finn et son compagnon Fiacail se précipitent vers l'entrée du tertre, mais la porte en est fermée. « Ils entendirent alors s'élever de grandes lamentations et, d'après ce qu'ils comprirent, les habitants du tertre déploraient la mort de l'un des leurs, l'amant de la belle Ele qui, chaque année, par jalousie, tuait l'un des amoureux de sa bien-aimée. » Cependant, certains de ceux qui étaient sortis hors du tertre n'ont pas eu le temps d'y rentrer. Finn se jette au milieu d'eux, saisit une femme par le bras et l'entraîne le plus loin possible. La femme le menace d'une terrible malédiction s'il ne la lâche pas. Finn ne se laisse pas impressionner et négocie : il ne la lâchera que si elle lui rend la lance — quelque peu magique — avec laquelle il a tué l'amant d'Ele. « Alors sans qu'il pût comprendre comment, elle disparut dans le tertre d'où montaient toujours des cris et des lamentations, mais bientôt, la porte s'entrouvrit, et la lance de Finn retomba à ses pieds, encore ruisselante de sang[1]. »

Cette aventure nettement fantasmagorique n'est certes pas à prendre à la lettre. Le fait que Finn ait pu tuer un des habitants du *sidh,* en principe un immortel, indique assez bien qu'il s'agit d'un meurtre rituel de régénération dans lequel intervient un humain jouant le rôle du prêtre sacrificateur. Et la lance de Finn, ruisselante de sang, acquiert de ce fait un pouvoir plus étendu, devenant un objet sacré. Quant au meurtre annuel d'un des soupirants de la belle Ele, il est du domaine du sacrifice sanglant offert à une

1. *Ibid.*

divinité, en l'occurrence à cette femme du tertre qui, par sa beauté, exerce une fascination absolue sur ceux qui la contemplent, autrement qui l'adorent.

On remarquera aussi qu'il est possible de *négocier* avec les êtres de l'Autre Monde lorsque ceux-ci se montrent franchement hostiles. Et Finn ne s'en prive pas. Dans la suite du même récit, Finn et Fiacail, vraisemblablement un soir de *Samain,* se trouvent sur une colline. Ils « virent trois femmes qui se lamentaient sur un tertre. Intrigués, ils s'en approchèrent, mais dès qu'elles les eurent aperçus, elles se relevèrent et se précipitèrent à l'intérieur du tertre. L'une d'elles, cependant, ne fut pas assez rapide et, en l'attrapant par son manteau, Finn arracha une broche qui lui resta dans la main ». Quand elle s'en aperçoit, la femme revient vers Finn, en grande colère, et lui ordonne de lui rendre la broche. Finn lui répond : « Je ne te la rendrai que si tu m'expliques pourquoi vous vous êtes enfuies toutes les trois. » La réponse de la femme est péremptoire : « Je n'ai pas à te le dire. »

Et la femme se lamente, disant : « Il serait honteux pour moi de regagner le tertre sans elle [la broche]. Tu ne saurais le comprendre, mais cela me serait une flétrissure insupportable. Les miens me banniront et j'en serais réduite à errer nuit après nuit par l'Irlande entière et sans jamais trouver un instant de repos. Rends-moi cette broche, je t'en supplie, et, en échange, je te ferai un don[1]. » Finn mac Cool accepte, et tout est bien qui finit bien.

Ainsi donc, il est possible d'échanger des objets ou des pouvoirs avec les êtres de l'Autre Monde. Mais, dans cette histoire, est évoquée l'errance possible de certains membres du peuple féerique à la suite d'un bannissement. Si l'on comprend bien, la femme bannie serait donc un fantôme.

1. *Ibid.,* p. 72. Comme le manuscrit des *Enfances de Finn* offre une lacune à cet endroit du texte, on ne sait pas quel don reçoit Finn, mais on peut supposer, d'après les autres récits de ce cycle, qu'il s'agit du « don de guérir un blessé en lui donnant à boire de l'eau dans le creux de ses mains ».

La même idée se retrouve dans les légendes chrétiennes concernant des âmes du purgatoire condamnées à errer sur la terre tant que ne sera pas accompli le temps de leur pénitence, ou tant qu'un vivant ne les aura pas aidées à accomplir une action rédemptrice. C'est aussi le thème du « Juif Errant » et du « Hollandais Volant » de Richard Wagner. Il est donc normal de rencontrer, le soir d'*Halloween,* sous les masques et les oripeaux revêtus en cette circonstance, ces fameux fantômes qui, depuis tant de siècles et probablement de millénaires, hantent l'imaginaire des humains.

Certes, la broche dérobée puis rendue par Finn à la femme du tertre devait avoir une importance particulière : c'était probablement l'emblème de ses pouvoirs surnaturels. Privée de ces pouvoirs, elle ne pouvait donc plus appartenir au peuple féerique. Il y a, dans un autre récit irlandais, *Les aventures d'Art, fils de Conn,* une histoire absolument analogue. Cela commence dans la « Terre de Promesse », pays mystérieux qui est évidemment l'Autre Monde, le *sidh,* où résident les *Tuatha Dé Danann.* « Les peuples de la déesse Dana se réunirent en grand conseil pour débattre d'une affaire de la dernière gravité. Il s'agissait en effet de juger une fille du nom de Bécuna Cneisgel[1] [...] qui avait contrevenu aux lois et coutumes régissant le peuple féerique. Les discussions durèrent très longtemps, car personne ne s'accordait sur le châtiment qu'il convenait d'infliger à la coupable : devait-on la chasser de la Terre de Promesse ou bien la brûler et disperser ses cendres dans la mer ? Invité à donner son avis, Mananann, fils de Lîr[2], déclara qu'il ne fallait pas la brûler, sans quoi la malédiction provoquée par son crime[3] risquait de retomber sur la

1. Bécuna « à la peau blanche », ce qui est le canon de la beauté féminine chez tous les Celtes.

2. Le chef suprême des *Tuatha Dé Danann* après que ceux-ci, revêtus du don d'invisibilité, durent se réfugier dans l'univers souterrain des tertres ou dans les îles merveilleuses du large de l'Irlande.

3. Le récit reste totalement muet sur ce crime.

Terre de Promesse et les peuples de Dana eux-mêmes. Aussi décida-t-on finalement que Bécuna Cneisgel serait chassée à tout jamais et qu'aucun des domaines appartenant à l'un des siens ne pourrait lui servir de refuge[1]. »

Voici donc un fantôme de plus sur la terre… Car le bannissement est sévère : « Bécuna Cneisgel ne devait non seulement trouver asile dans aucun *sidh* d'Irlande mais était également bannie de l'autre côté de la mer, en Ecosse et dans toute l'île de Bretagne. » Mais, détail significatif, on ajoute « qu'on l'enverrait cependant en terre d'Irlande afin d'y apporter la malédiction, car depuis leur défaite devant les Fils de Milé, les peuples de la déesse Dana haïssaient les Gaëls et ne manquaient jamais une occasion de leur nuire[2] ». Cette remarque en dit long sur ce que pensaient les anciens Irlandais de ce peuple d'ombres toujours prêt à intervenir de façon maléfique dans les affaires humaines. Le christianisme en rajoutera et en fera un peuple de démons qu'il faut continuellement conjurer par des rites d'exorcisme. D'où les mascarades d'*Halloween* qui n'ont jamais été gratuites.

C'est ainsi que Bécuna Cneisgel aborde, au temps de *Samain*, bien entendu, sur un rivage d'Irlande. Elle séduit le roi Conn aux cent batailles qui en fait sa concubine pendant une année entière. Mais elle a apporté avec elle la « malédiction » et, cette année-là, le royaume devient stérile. Après de nombreuses péripéties qui sont autant de tentatives d'exorcismes, Bécuna engage deux parties d'échecs avec Art, le fils de Conn. Bécuna perd la première de ces parties et doit exécuter un gage impossible. Elle y réussit cependant grâce à la complicité de certains membres du peuple féerique, car, bien que bannie, elle n'en a pas pour autant perdu ses pouvoirs surnaturels. Elle revient donc vers la forteresse royale de Tara « en compagnie de trois

1. *Les Seigneurs de la brume, op. cit.*, pp. 115-116.
2. *Ibid.*, p. 116.

fois cinquante jeunes gens du *sidh.* Mais personne ne les voyait, hormis Bécuna, car ils possédaient le don d'invisibilité que leur avait conféré Manannann, fils de Lîr ».

Ce sont ces êtres invisibles qui font gagner la seconde partie à Bécuna. Art n'est pas dupe du manège, mais ne peut rien contre : il lui faudra accomplir une mission impossible, ramener une jeune fille — appartenant d'ailleurs au peuple féerique — sans même savoir où elle se trouve. Au cours d'un voyage fantastique, d'une durée d'un an symbolique (de *Samain* à *Samain*), à force de volonté et de courage mais également grâce à l'aide de certains personnages de la Terre de Promesse, Art réussit l'épreuve et ramène donc la *bonne fée* qui va redonner sa prospérité au royaume et obliger Bécuna, la *mauvaise fée,* à quitter la terre d'Irlande et à s'engager dans une errance éternelle.

Il y a, en effet, dans cet Autre Monde tel que l'ont rêvé et décrit les Celtes autant de *bons* que de *méchants* et, bien souvent ce sont les humains que les *bons* appellent à leur secours pour lutter contre les forces destructrices qui menacent l'harmonie des « terres bienheureuses ». C'est le cas du héros Cûchulainn qui, pour recouvrer sa santé et sa puissance perdues, devra combattre pour le compte d'un roi de la Terre de Promesse. C'est le cas de Finn et de ses compagnons qui sont entraînés dans le mystérieux « Pays sous la Vague » par un être étrange qui aborde en Irlande un soir de *Samain,* monté sur une jument monstrueuse.

Cela nous vaut d'avoir en plus quelques précisions sur la fête de *Samain.* « Ainsi qu'avant lui son père Cumal et son grand-père Trenmôr, Finn avait coutume de célébrer la fin de l'été, à l'époque de *Samain*, par une grande chasse dans l'une des forêts d'Irlande, puis d'organiser un grand festin dans sa forteresse d'Allen. Alors, la grande salle de la résidence résonnait de brillantes conversations, de rires éclatants, de chants héroïques et des douces musiques que dispensaient les meilleurs harpistes et les plus habiles joueurs de flûte de ce temps. Les convives ne sortaient jamais de table que rassasiés non seulement de nourriture et de boisson, mais également de jeux et de divertissements[1]. »

On notera au passage que non seulement l'abondance de nourriture et l'ivresse sont au programme de ces festivités, mais également les jeux, qui sont nettement distincts des *divertissements.* A titre de comparaison, on se rappellera que, dans le théâtre médiéval français, le *jeu* est à l'origine un drame sacré qui, se compliquant et s'allongeant de plus en plus, sera coupé par des épisodes comiques, au sens étymologique des *farces,* lesquelles seront bientôt séparées des éléments liturgiques pour devenir des pièces à part entière.

Cependant, c'est au cours de la chasse qu'apparaissent les manifestations de l'Autre Monde. Finn et la troupe des *Fiana* d'Irlande se trouvent au bord de la mer et, tout à coup, un personnage incroyable, monté sur une incroyable jument, sort des eaux et s'approche d'eux : « D'une taille démesurée, il avait un visage sombre et désagréable, une allure de sauvage et des membres disgracieux. Sa main gauche, énorme et velue, tenait une massue de fer. Dans son dos pendait un bouclier noir de mauvaise facture et, sur sa cuisse gauche toute déjetée, battait une épée aiguë à la lame beaucoup trop large. Quant à ses deux lances, pour avoir la longueur requise, elles paraissaient tordues et lui ballottaient lamentablement sur l'épaule. De plus, ses vêtements étaient si râpés qu'on eût dit qu'ils avaient été enterrés pendant une dizaine d'années. Enfin, la jument qu'il montait était si maigre qu'on lui voyait les os des côtes[2]. »

Cette description correspond presque en tout point à celle du « rustre », sorte d'homme des bois hirsute qui apparaît constamment dans les récits celtiques et dans les romans arthuriens. Ici, il déclare se nommer Gilla, mais

1. *Les Triomphes du roi errant, op. cit.*, p. 112.
2. *Ibid.*, p. 113.

d'après la description et surtout à cause de cette massue, on peut en déduire que c'est un des aspects de Dagda, l'un des grands dieux de la mythologie irlandaise qu'on retrouve dans le personnage très littéraire de Gargantua, mais que Rabelais n'a pas inventé. Ce Gilla demande alors aux *Fiana* de l'admettre parmi eux, ce qui est facilement accepté. Mais à la suite de diverses péripéties, Gilla entraîne Finn et une partie de ses guerriers dans une folle chevauchée *sur sa jument* et bien sûr *dans la mer,* jusqu'à un étrange pays où il leur arrive les plus folles aventures. Et, quand ils reviennent en Irlande, c'est toujours le soir de *Samain.* Les *Fiana* ont aidé les habitants de l'Autre Monde à vaincre leurs propres démons, et cela dans un temps qui a été aboli. Quant à ce Gilla, il demeure un an avec les *Fiana* et prend congé de ceux-ci au moment de *Samain* [1].

Ce personnage de Gilla renvoie donc à Dagda, l'un des principaux chefs des *Tuatha Dé Danann,* dont le nom signifie précisément « dieu bon ». Il est bienfaisant, car en échange des services qu'ont rendus les *Fiana* dans la Terre de Promesse, il leur a donné joie et prospérité. C'est un peu comme dans ces étranges histoires où une Reine des Fées tombe amoureuse d'un mortel, vient le chercher ou l'attire par quelque sortilège vers son domaine merveilleux, le plus souvent une île paradisiaque, que les Irlandais nomment *Emain Ablach,* « île des pommiers », strict équivalent de l'Avalon des légendes arthuriennes, île régie par des femmes, où les fruits sont mûrs toute l'année, où l'on ne connaît pas les vicissitudes de la vie humaine et où toute notion de temps est abolie.

La plus caractéristique et la plus détaillée de ces histoires est certainement *La Navigation de Bran, fils de Fébal* [2], où la Fée, amoureuse du héros, lui chante un chant merveilleux et lui donne un rameau de pommier, ce qui l'en-

1. Récit intégral dans *Les Triomphes du roi errant, op. cit.*

2. Récit intégral dans *Les Conquérants de l'Ile verte, op. cit.,* sous le titre « la Terre des Fées ».

voûte littéralement et l'oblige à se lancer dans une étrange navigation vers la Terre des Fées. Mais une telle aventure arrive également au fils de Finn dans le récit intitulé *Oisin dans la Terre de Promesse*[1]. Et c'est aussi le cas pour Condlé le Beau, fils de Conn aux cent batailles, enlevé par la Fée malgré les incantations des druides de son père. Et Condlé ne revient pas[2]. Par contre, Oisin retourne chez les vivants et Bran frôle les rivages d'Irlande pour raconter — deux cents ans après — ce qui lui est arrivé. En tout cas, dans ces histoires, la Fée n'agit pas contre le héros : elle fait tout pour le rendre heureux et lui procurer l'immortalité.

Ainsi, à travers ces nombreux récits, on s'aperçoit que les habitants de l'Autre Monde, aussi bien les défunts que les anciens dieux, ceux qu'on appelle les « Tribus de la déesse Dana » ont les mêmes qualités et les mêmes défauts que les vivants. Ils ne sont ni meilleurs ni pires, *ils sont.* Comme chez les Grecs, ils sont soumis au Destin, même s'il leur arrive de lutter contre lui et parfois de le vaincre. Ils ne sont pas dans la félicité éternelle et peuvent ressentir de grandes souffrances. Mais ils ont cependant une supériorité évidente : ils possèdent des pouvoirs qu'on peut qualifier de « magiques » et surtout, ils connaissent les secrets que les humains ignorent, en particulier ce qui concerne l'avenir. Et, lorsqu'ils connaissent cet avenir, ils avertissent volontiers les humains, cela dans le but d'orienter la vie sociale dans un sens plus favorable à la justice et à l'harmonie.

C'est ce qui arrive dans un texte très court, *L'Extase prophétique du fantôme*[3]. Il raconte que le roi Conn aux cent batailles se trouve — au temps de *Samain* — enveloppé dans un épais brouillard et qu'il aboutit dans un palais merveilleux où le dieu Lug lui dévoile ses exploits futurs et

1. Récit intégral dans *Les Triomphes du roi errant, op. cit.*
2. Récit intégral dans *Les Seigneurs de la brume, op. cit.*
3. *Ibid.*

ceux de ses descendants. Le petit-fils de Conn, le roi Cormac, vit une aventure analogue, avec en plus une épreuve infligée par Lug afin de tester sa loyauté [1]. Dans ces deux cas, les êtres de l'Autre Monde sont réellement bienfaisants dans leurs rapports avec les humains. Et tout cela montre comment les Celtes ont rêvé l'interconnexion entre le visible et l'invisible.

L'abolition du Temps

Bran, fils de Fébal, et ses compagnons demeurent deux mois dans la Terre des Fées, mais saisis par la nostalgie de l'Irlande, ils demandent la permission d'aller y faire un tour. On leur dit de ne jamais descendre à terre. Le bateau parvenu à proximité du rivage, Bran engage la conversation avec des pêcheurs et apprend ainsi qu'il s'est écoulé deux cents ans depuis leur départ. Et l'un de ses compagnons, ne pouvant y résister, saute du bateau : mais dès qu'il a posé le pied sur le sol, il est réduit en un tas de poussière. C'est une véritable illustration de la théorie einsteinienne de la Relativité, selon laquelle « le temps dépend de la vitesse des systèmes de référence ». En l'occurrence, la Terre des Fées se trouvait sur une autre planète dont le parcours et la vitesse n'étaient pas les mêmes que ceux de la terre. Bran et ses compagnons, à l'intéricur d'un autre système de référence, avaient échappé au vieillissement et se trouvaient donc en situation d'immortalité, tout au moins en ne quittant pas le domaine féerique qui était devenu le leur.

Mais il y a des cas où c'est le contraire qui se produit. Néra, lorsqu'il réside dans le *sidh* de Cruachan, a la notion d'un temps très allongé, croyant y vivre pendant de nombreux jours. Or, lorsqu'il revient dans la maison d'Ailill et

1. *Ibid.*

de Mebdh, il ne s'est écoulé que quelques minutes. Ici, le temps s'est allongé dans l'Autre Monde, mais en quelque sorte rétréci dans le monde des vivants. C'est ce qui se passe pendant la nuit de *Samain*. Il y a bien d'autres histoires de ce genre tant dans les récits épiques ou mythologiques que dans les contes populaires. L'exemple le plus convaincant en est le début du très beau récit d'*Etaine et le Roi des Ombres,* sans doute l'un des plus curieux de tout le cycle mythologique irlandais [1].

Un soir de *Samain,* le grand Dagda, « respecté de tous parce qu'il accomplissait des merveilles et pouvait déclencher des tempêtes ou les apaiser, [...] protégeait les récoltes et faisait en sorte que les troupeaux eussent de gras pâturages », vient au festin donné par son frère Elcmar dans le *sidh* de Brug-na-Boyne, autrement dit le *cairn* mégalithique de Newgrange. Mais il tombe éperdument amoureux de la femme d'Elcmar, la belle Boann (la rivière Boyne personnifiée). Celle-ci accepte ses avances mais avoue craindre la jalousie d'Elcmar. Alors Dagda envoie son frère porter un message dans un autre *sidh*. Elcmar obéit, mais « dès qu'il fut un peu éloigné, Dagda mit de grands charmes sur lui afin qu'il ne revînt pas d'un an [...] mais de telle sorte qu'il ne sentît pas le temps passer et crût que son voyage n'avait duré qu'un seul jour et une seule nuit ». Durant cet espace de temps « élastique », Dagda s'unit à Boann et celle-ci donne bientôt le jour à un fils qu'elle veut appeler Angus (Oengus), c'est-à-dire « Choix Unique », et qu'on surnommera le Mac Oc, autrement dit le « jeune fils », parce qu'il était le dernier-né de Dagda. Et surtout, avant le retour d'Elcmar, Dagda emmène son fils dans un autre *sidh,* celui de Bri-Leith, pour le faire élever par un certain Mider en qui il a toute confiance. Ainsi, Elcmar ne se doutera de rien et reviendra pendant le même

1. *Les Conquérants de l'Ile verte,* chap. XII, sous le titre « Les Tribulations du jeune Angus », *op. cit.*

temps de *Samain,* persuadé que rien ne s'est passé en son absence d'une nuit et d'un jour.

Mais cette histoire n'en est pas terminée pour autant. Des années plus tard, dans le *sidh* de Bri-Leith, le jeune Angus se fait traiter de « bâtard » par un de ses compagnons de jeu. Il demande des explications à son père adoptif Mider et celui-ci lui révèle qu'il est le fils du grand Dagda. Alors, Angus, conscient de l'importance de cette filiation, n'a de cesse d'aller voir Dagda pour lui demander un domaine. Voici Dagda bien ennuyé, car tous les *sidhs* d'Irlande ont un titulaire, mais il finit par décider qu'il lui confiera le *sidh* de Brug-na-Boyne. Le tout est d'en expulser Elcmar en toute légalité. Alors il imagine un stratagème digne en tout point de la casuistique des Jésuites molinistes tant dénoncée par Blaise Pascal.

Accompagné de Mider, il emmène son fils à Brug-na-Boyne où ils arrivent le soir de *Samain.* Ils y sont fort bien reçus par Elcmar. Mais Dagda prend Angus à part et lui tient ce discours : « Cette maison est belle, et je n'en ai guère vu de semblable que dans la Terre de Promesse. Quelle situation bonne et plaisante elle a, sur les bords de la Boyne, à la frontière des cinq provinces ! Si j'étais toi, Angus, cette demeure serait mienne, et je lancerais des incantations sur Elcmar pour le sommer de la quitter sur l'heure et de m'en laisser l'entière possession. Nous sommes à la veille de *Samain* et tu sais que, pendant la nuit de *Samain,* le temps n'existe plus. Aussi te suffirait-il de demander à Elcmar la souveraineté de la Brug durant une nuit et un jour : il est si échauffé par la boisson qu'il ne se rendra pas compte qu'une nuit et un jour, en pleine fête de *Samain,* équivalent à l'éternité. »

Angus suit les conseils de son père et Elcmar lui confie la souveraineté de la Brug pendant une nuit et un jour. « Mais au bout de ce temps, quand il vint lui réclamer la restitution de son domaine, Angus jeta sur lui une incantation magique et lui ordonna de quitter la Brug sans retard ni délai. Et, dès qu'il eut entendu cet ordre, Elcmar se leva aussi prestement qu'un oiseau qui se voit guetté par un chat prêt à bondir sur lui. »

Car l'incantation magique, un *geis,* est aussi contraignante que l'argument qui veut qu'une nuit et un jour, pendant le temps de *Samain,* équivalent à l'éternité. Le temps des humains, qui se compte en une succession de jours et de nuits, n'a plus sa place dans une fête sacrée qui l'abolit en restituant une époque primitive analogue à celle qui est évoquée dans la description biblique de la *Genèse,* ou encore dans les légendes latines concernant un Age d'Or où règne un Saturne, dieu protecteur bienfaisant, fort différent du Khronos grec avec lequel il a été confondu par la suite.

Il n'y a guère de tradition où le temps soit *néantisé* de façon aussi radicale. Si l'on admet cette néantisation, le processus d'élimination employé contre Elcmar est parfaitement légal et ne peut être remis en cause, du moins chez les peuples de la déesse Dana, dans le cadre du *sidh,* et à l'occasion unique dans l'année, de la fête de *Samain.* La logique de l'Autre Monde, en apparence un monde parallèle à celui des vivants, n'est pas la même qu'à la surface de la terre. La métaphysique qui sous-tend cette tradition est également très différente. On se trouve brusquement plongé dans un monde de dieux, de héros, de fées. Mais qui sont-ils sinon les défunts parvenus dans un autre univers qui échappe aux lois humaines ? La notion chrétienne de la Toussaint n'est pas si éloignée de cette conception du temps aboli.

Le sens profond de Samain

Le pivot de l'année religieuse et civile des Celtes peut être marqué par une ligne allant du 1er novembre au 1er mai (ou tout au moins à la pleine lune la plus proche de ces dates). Si *Samain* marque le déclin de l'été et l'entrée dans les « mois noirs » de l'hiver, la fête de *Beltaine,* aux alentours du 1er mai, marque la fin de l'hiver et l'entrée dans les « mois de lumière ». *Beltaine* est donc l'antithèse de *Samain* et permet de mieux comprendre son sens profond, c'est-à-dire son utilité et son fonctionnement.

A *Beltaine,* on sort les troupeaux dans les pâturages et on nettoie les étables, les purifiant non seulement des miasmes matériels mais des éventuels relents d'entités maléfiques qui s'y seraient logées indûment pendant les mois noirs. On manifeste cette sortie de l'hiver par des réjouissances et aussi par des feux que l'on allume le soir avant la tombée de la nuit. C'est la fête de la lumière, ce qui est indiqué par le nom de *Beltaine,* « feux de Bel », où le terme *Bel,* abrégé de l'épithète gauloise *Belenos,* signifie « brillant », « lumineux ». Et, selon le calendrier si particulier des Celtes chrétiens des îles Britanniques, ces feux en l'honneur de Belenos se sont souvent confondus avec le feu pascal [1] ou ont été déplacés au solstice et fusionnés dans les Feux de la Saint-Jean [2]. De plus, à Beltaine, on célèbre la naissance de végétation, et l'on plante l'Arbre de Mai (le *May Pole* des Anglo-Saxons) devenu depuis un siècle l'exaltation du muguet porte-bonheur [3]. Et enfin, on

1. C'est ainsi qu'en 432 saint Patrick alluma le premier le feu pascal sur la colline de Slane quelques instants avant que le haut roi d'Irlande n'allumât le feu druidique sur la colline de Tara, — ce qui était un délit pouvant être puni de mort, puisque l'antériorité était réservée au roi —, épisode qui marque symboliquement la victoire du christianisme sur l'ancienne religion druidique.

2. Rites antérieurs aux Celtes, qui remontent soit à l'âge du bronze, soit aux temps néolithiques, quand le culte solaire était répandu sur toute l'Europe de l'Ouest.

3. Ce « culte » du muguet ne remonte pas au-delà de la fin du XIXe siècle, et il a d'abord été limité au Bassin parisien avant de devenir une coutume quasi universelle. Il faut noter qu'en Bretagne armoricaine, particulièrement dans le Morbihan intérieur, encore à l'heure actuelle, chacun va cueillir dans la forêt des rameaux de hêtre fraîchement garnis de petites feuilles, pour les planter dans le jardin, dans les champs et même les clouer sur les murs de la maison. Quand on demande aux gens pourquoi ils font cela, ils répondent qu'ils n'en savent rien, mais que c'est la coutume.

se réjouit de la reprise de l'activité estivale en des festivités diverses, repas copieusement arrosés de boissons alcoolisées et jeux divers, la plupart étant d'origine sacrée [1].

Beltaine se présente donc comme le pôle inversé de *Samain,* mais comporte des éléments analogues. D'après ce qu'on sait des grands *Fiana* d'Irlande, ceux-ci passaient l'été en plein air, vivant de chasse et de pêche, depuis *Beltaine* jusqu'à *Samain.* Mais, de *Samain* à *Beltaine,* ils devenaient sédentaires et vivaient chez les habitants de toutes les provinces. Ce n'était ni plus ni moins qu'une période d'hibernation pendant laquelle, tels des ours dans leurs grottes, ils dormaient, retrouvant ainsi leur énergie dissipée pendant les activités de l'été et qui était mise en sommeil pendant les « mois noirs » de l'hiver. Bien entendu, cette fête était l'occasion de festins qui, comme à *Samain,* duraient symboliquement trois jours et trois nuits. On y buvait beaucoup d'ailleurs, mais les mets, s'ils étaient abondants, ne consistaient pas en gibier ni en viande : il ne faut pas oublier que la fête se situe au sortir de l'hiver, et comme l'affirme un vieux quatrain du xe siècle : « Je vous le dis, une fête particulière, — ce sont les richesses de Beltaine, — bière, choux, lait doux — et lait caillé sur le feu [2]. » Le menu paraît plutôt maigre.

C'est que les troupeaux donnent peu de lait et peu de viande. Il faut leur redonner santé et prospérité en les envoyant paître des nourritures fraîches et reconstituantes.

1. Curieusement, c'est au 1er mai que se situe la fête du Travail, considérée dans ses premières manifestations comme une revendication révolutionnaire, mais qui n'est qu'un lointain souvenir de *Beltaine.* Cette fête, qui ressort maintenant d'une sorte de « folklore » international complètement coupé de ses bases, est revenue en Europe occidentale — et dans le monde entier — par l'intermédiaire des syndicats américains, dirigés ou animés par des Irlandais émigrés et par leurs descendants. Mais il est bien évident que, faute d'avoir été récupéré par la religion chrétienne, le 1er mai a perdu sa connotation sacrée pour devenir une manifestation politique et syndicale. Il n'empêche que l'idée qui y préside est la même : il s'agit bel et bien d'une glorification du « travail » considéré comme une activité sacrée que les ouvriers et, d'une façon générale, tous les travailleurs veulent faire reconnaître à sa juste valeur.

2. Kuno Meyer, *Hibernica Minora,* Oxford, 1894.

On retrouve la trace de ces antiques rituels dans l'Irlande contemporaine. Le jour du 1er mai, les paysans ont, en effet, coutume de faire passer leurs troupeaux entre deux feux : sans doute est-ce pour leur redonner l'énergie perdue pendant l'hiver. On a également l'habitude, ce jour-là, d'allumer un feu nouveau en frottant deux morceaux de bois l'un sur l'autre, et cela afin de guérir les bêtes qui seraient malades. Et cette thérapie s'accompagne bien entendu de nombreux exorcismes, car les puissances maléfiques sont toujours prêtes à intervenir. Il est donc nécessaire de réagir.

Le récit gallois de *Lludd et Llevelys* nous montre les peuples de l'île de Bretagne menacés, à cette date, d'un étrange fléau : « C'était un grand cri qui se faisait entendre chaque nuit de premier mai au-dessus de chaque foyer de l'île de Bretagne ; il traversait le cœur des humains et leur causait une telle frayeur que les hommes en perdaient leurs couleurs et leurs forces ; les femmes, les enfants dans leur sein ; les jeunes gens et les jeunes filles leur raison. Animaux, arbres, terre, eaux, tout restait stérile[1]. » On comprend alors pourquoi, dès l'avènement du christianisme dans les pays celtiques, le clergé se livrait très souvent dans les étables à de nombreux exorcismes afin d'en chasser ces fléaux quelque peu diabolisés. Réflexion faite, c'est-à-dire après une enquête serrée menée par des druides ou des magiciens, on en arrive à la conclusion que ce grand cri est poussé par un peuple de petits êtres qui vivent dans des souterrains, le peuple de *Corannieit,* dont le nom est le strict équivalent des korrigans de Bretagne armoricaine. Mais que sont donc ces korrigans-corannieit, au tempérament ambigu, capables d'accomplir le pire et le meilleur, sinon les descendants, singulièrement rapetissés, des fameux *Tuatha Dé Danann* irlandais, autrement dit des habitants de l'Autre Monde réfugiés dans l'univers

1. J. Loth, *les Mabinogion, op. cit.,* II, p. 234.

ombreux des tertres féeriques ? Le lien qu'on peut établir entre eux est assez évident.

On peut en établir un autre avec une tradition du domaine germanique — mais qui doit être celtique à l'origine, tous les peuples celtes provenant de l'Europe centrale [1] —, celle de la mystérieuse « Nuit de Walpurgis [2] », bien connue par le texte du *Faust* de Goethe et la musique de Berlioz. Il s'agit de la nuit du 30 avril au 1er mai, pendant laquelle tous les sorciers et les démons d'Allemagne se réunissent sur les montagnes, en particulier sur le massif du Brocksberg, pour y célébrer des sabbats infernaux, se livrant à des incantations maléfiques dans le but de frapper de stérilité les terres et les troupeaux. Il est évident, qu'à l'époque chrétienne, aussi bien que dans les périodes précédentes, on ne pouvait qu'accomplir des rites d'exorcismes pour écarter ces malédictions afin de préserver la prospérité de l'été et permettre ainsi de passer les mois noirs de l'hiver dans les meilleures conditions.

Beltaine est donc une sorte d'image inversée de *Samain,* ce qui est normal puisque l'une et l'autre fête marquent le milieu de l'année. Mais si *Beltaine* peut être considéré comme la fête du « réveil », celle de *Samain* sera celle de la « dormition », au cours de laquelle les forces secrètes qui animent les dieux et les hommes vont se recharger et acquérir en quelque sorte une nouvelle jeunesse. Car il ne faut pas oublier que *Samain* est le nouvel an celtique, la

1. La base géographique originelle des Celtes peut se définir comme une sorte de triangle compris entre la Bohême, l'Autriche et le Harz, lieux où l'archéologie nous fait découvrir les plus anciens témoignages de leur présence.

2. Sainte Walpurgis (appelée parfois Walburge) n'est pour rien dans cette tradition. Née en Angleterre au début du VIIIe siècle, elle devint religieuse dans son pays natal. Sur la foi de sa réputation, elle fut envoyée en Allemagne par le pape saint Boniface, et son frère, saint Wunibalé, lui confia la direction du monastère de Heidenheim qu'il avait fondé. Walpurgis mourut après 777. Or, vers le milieu du XIe siècle, son corps fut translaté à Eichstaedt dans l'église de Sainte-Croix qui prit alors le nom de Sainte-Walpurgis. Les pèlerinages à son tombeau furent très nombreux, surtout le jour de sa fête, le 1er mai. Ceci explique assez bien qu'on ait connoté d'antiques rituels païens au culte de cette sainte chrétienne parfaitement historique.

plus importante manifestation reconnue dans le calendrier festiaire des Celtes préchrétiens.

Au vu des observations qui ont été faites à ce sujet, on peut ainsi exposer les caractéristiques qui résument le rôle et l'impact de cette fête de *Samain :*

— Fête présidée par le roi et le druide.

— Présence obligatoire de tous les membres de la collectivité, toutes classes confondues.

— Assemblée politique législative.

— Renouvellement des pouvoirs du roi.

— Assemblée juridique (résolution des conflits internes).

— Mise à jour de la mémoire collective (établissement des Annales).

— Renouvellement ou création de contrats économiques.

— Répartition des biens communautaires.

— Festin avec excès de nourritures et de boissons pour atteindre l'ivresse sacrée.

— Musiques, chants et jeux rituels (sacrifices réels ou par substitution, feu nouveau).

— Suspension symbolique du Temps.

— Contact intime avec l'Autre Monde.

Il s'agit donc d'une fête totale, au cours de laquelle, l'élément religieux imprègne toutes les manifestations, même celles qui paraissent les plus profanes. Car tout débouche paradoxalement sur la vision du monde invisible. En quelque sorte, c'est néantiser la mort, même si habituellement, il y a une séparation entre les défunts et les vivants. Durant le temps de *Samain,* les humains voient les défunts, ceux-ci perdant provisoirement leur don d'invisibilité. On retrouvera ces croyances à propos de la Toussaint chrétienne et des rites carnavalesques d'*Halloween,* mais quelque peu déviées par la lente évolution de la spiritualité aux premiers temps de la christianisation des peuples celtes.

Ce n'est pas en effet une révolution, mais une évolution, pendant laquelle va s'opérer une sorte de fusion entre les spéculations druidiques et celles apportées par l'Evangile. Plusieurs récits irlandais témoignent de cette fusion. Ainsi en est-il de *L'Etrange destinée des enfants de Lîr :* trois frères et leur sœur sont métamorphosés en cygnes par suite de la malédiction de leur sorcière de marâtre (thème classique des contes populaires), et ils sont condamnés à errer ainsi dans le froid et les privations pendant trois siècles — espace de temps symbolique qui correspond aux trois nuits de *Samain* — avant de reprendre leur forme humaine. Mais ils sont devenus vieux et ils meurent après avoir été baptisés par un saint ermite [1]. Or, ces « enfants de Lîr » appartiennent au peuple de la déesse Dana. Donc le récit tente de montrer le passage de la conception druidique de l'Autre Monde à la nouvelle, celle qui est maintenant admise par l'ensemble des chrétiens.

Plus révélateur encore est l'étrange récit intitulé *La Nourriture de la maison des deux gobelets.* Le début de ce récit est, en fait, un doublet du début d'*Etaine et le roi des ombres,* car il traite de la prise de possession par Angus du tertre de Brug-na-Boyne au détriment d'Elcmar. Mais les détails sont différents. Ce n'est plus Dagda qui indique à Angus ce qu'il faut faire pour assurer sa prise de pouvoir, mais Mananann, fils de Lîr, et surtout, il n'y a plus de référence à l'abolition du temps. C'est un « charme », autrement dit un poème magique, qu'Angus va réciter devant Elcmar, obligeant celui-ci à quitter les lieux. Cependant, la suite de l'histoire devient fort intéressante.

Sans entrer dans les détails, on peut la résumer ainsi : Eithné, la fille de l'intendant de la Brug, est élevée en même temps que Curcog, la propre fille d'Angus. Or, un jour, au temps de *Samain,* un des visiteurs d'Angus prononce des paroles de malédiction sur Eithné à cause d'une faute bien mystérieuse que celle-ci aurait commise. Et depuis lors, la jeune fille n'absorbe aucune nourriture, sauf

1. Récit complet dans *Les Conquérants de l'Ile verte, op. cit.*

du lait, qu'elle va traire elle-même, d'une vache féerique rapportée d'Orient : « Cette vache brune est absolument merveilleuse, car elle donne du lait toute l'année, et c'est un lait enivrant, pour la plus grande satisfaction de quiconque en boit. » Cependant, Angus s'étonne que la jeune fille ne puisse se nourrir d'autre chose que de ce lait. Il demande des explications à ses druides, mais aucun de ceux-ci, tout en reconnaissant que c'est une conséquence du sortilège jeté sur Eithné, n'est capable de fournir une réponse satisfaisante.

C'est finalement Mananann qui trouve la solution, et elle est énoncée de façon très significative. Il a fait boire à Eithné le lait de sa propre vache, qu'Angus et lui avaient ramenée d'Orient en même temps que la Vache Brune, et il déclare : « Cette jeune fille n'appartient plus au peuple d'Angus ni à notre peuple. Quand Finnbarr l'a insultée, son démon gardien l'a quittée et un ange a pris sa place. Elle ne peut plus supporter notre magie. Elle ne peut boire que le lait des deux vaches parce que celles-ci viennent d'un pays sur lequel nous n'avons aucun pouvoir. » La suite de l'histoire va confirmer cette opinion.

En effet, un jour, probablement au temps de *Samain,* Eithné et ses compagnes se baignent dans les eaux de la Boyne. « Or, après avoir longuement folâtré, elles quittaient le rivage pour remonter vers le tertre quand s'éleva soudain du sol un brouillard très dense qui se répandit tout autour d'elles, les plongeant dans une obscurité presque complète. Ne sachant plus où elle se trouvait, Eithné appela ses compagnes, mais elle n'en reçut aucune réponse. Elle tenta de retrouver son chemin à travers le brouillard, mais plus elle cherchait le sentier qui gravissait la colline, plus elle avait l'impression de descendre dans une vallée sans fond. Et quand le brouillard se fut dissipé d'un seul coup, elle eut la stupeur de constater qu'elle marchait dans une grande plaine qui s'étendait à l'infini. »

De toute évidence, Eithné a quitté le monde du *sidh* et se

retrouve dans celui des humains. C'est alors qu'elle rencontre un ermite vêtu de bure qui lit un livre, assis devant un bâtiment surmonté d'une petite croix. Eithné « s'approcha et, à la grande satisfaction de l'homme, se mit à lire à haute voix les paroles du livre. Or, ce livre, c'était le Nouveau Testament, et l'homme était un clerc disciple du *Tailgin,* l'homme chauve, c'est-à-dire du bienheureux Patrick ». Evidemment, la jeune fille demeure là de longs mois, devient chrétienne, mais raconte en détails ce qu'elle sait des peuples de Dana, « émerveillant le clerc par sa sagesse et son intelligence ».

Cet épisode illustre parfaitement la continuité qu'on peut observer dans la tradition irlandaise et explique comment les moines chrétiens ont pu, même en y retranchant ce qu'ils considéraient comme diabolique et en y ajoutant des réflexions liées à la nouvelle religion, précieusement recueillir tout ce qui concernait l'époque païenne et le transmettre dans leurs manuscrits enluminés.

Cependant, Angus ne peut se consoler de la disparition de sa fille adoptive. Il se lance à sa recherche à travers toute l'Irlande, et un jour, il l'aperçoit occupée à laver du linge dans la rivière, non loin de l'ermitage où elle réside. « Mais celle-ci ne le reconnut pas, car non contente d'avoir perdu le don d'invisibilité qu'avait procuré Mananann aux tribus de la déesse Dana, elle n'était plus capable de voir ceux qui avaient été les siens. » Le thème de la perte de certains pouvoirs lorsque des êtres féeriques, par amour ou pour toute autre raison, veulent devenir humains est assez fréquent dans les contes populaires. C'est au fond ce qui arrive à Mélusine qui, douée de pouvoirs mystérieux mais n'ayant pas d'âme, devient humaine, perdant certaines de ses prérogatives mais acquiert, par cette matérialisation (on pourrait presque dire cette « incarnation ») une âme humaine immortelle.

Mais Angus ne désespère pas de la ramener dans le *sidh*. Il chante un chant magique pour attirer son attention. « Elle entendit le chant et releva la tête pour savoir d'où il provenait. Mais elle ne vit rien et ne comprenait pas les paroles qui étaient prononcées. Craignant qu'il ne s'agît là d'une ruse du démon, elle se signa et se mit à prier. Elle n'avait pas encore achevé sa prière que le bienheureux Patrick apparut dans la clairière. Le *Tailgin,* qui connaissait parfaitement les pouvoirs druidiques [1], voyait parfaitement Angus et la troupe de Dana. Il les exhorta à abandonner leurs folles croyances et leurs pratiques magiques pour adorer le vrai Dieu. » On remarquera que l'apôtre de l'Irlande s'adresse aux *Tuatha Dé Danann* comme s'il s'agissait de véritables humains, et que son intervention ici n'est pas seulement provoquée par sa volonté de protéger une nouvelle convertie des tentations de son passé, mais également par son désir de convertir tous les « païens » quels qu'ils soient, ce qui est conforme à ce qu'on sait de l'action évangélisatrice de saint Patrick [2].

Bien entendu, Angus, qui comprend parfaitement les paroles du chrétien, refuse absolument de lui obéir. Mais il comprend également qu'il a perdu à jamais Eithné, sa fille adoptive qui lui était si chère. « Angus et les siens se mirent à courir le long de la rivière et disparurent en poussant une grande lamentation. Cette lamentation, Eithné l'entendit. Et cela lui provoqua un tel choc au cœur qu'elle en mourut sur-le-champ. Le clerc l'enterra à l'intérieur de l'oratoire, et celui-ci, depuis ce temps-là, est appelé *Cill Eithné* [3]. »

1. D'après sa légende, Patrick, Breton insulaire d'origine, aurait été enlevé par des pirates irlandais et serait devenu l'esclave d'un druide auprès duquel il aurait appris quantité de pratiques druidiques, et obtenu le don de « double vue », ce qui lui aurait permis ensuite, lors de son apostolat en Irlande, d'entreprendre des « combats magiques » contre les druides afin de leur prouver que sa magie — celle de Dieu — était plus efficace que la leur.

2. Voir J. Markale, *Le Christianisme celtique et ses survivances populaires, op. cit.*

3. C'est-à-dire « ermitage », puis « église d'Eithné ». On pourra lire le récit complet de cette histoire dans *Les Seigneurs de la brume,* vol. 5 de *La Grande Épopée des Celtes, op. cit.*

A présent tout a basculé. L'antique fête de *Samain* s'est évanouie dans le brouillard. Mais *Samain* perdure inconsciemment dans ce brouillard pour réapparaître sous d'autres aspects, celui d'*Halloween,* populaire et fantastique, et celui de la Toussaint, liturgique et sacrée.

Troisième partie

LA FÊTE DE TOUS LES SAINTS

Le calendrier liturgique chrétien comporte quatre fêtes essentielles qui rythment l'année, et cela aussi bien chez les orthodoxes, les anglicans, les protestants de différentes sortes que chez les catholiques d'obédience romaine. En fait, l'année liturgique commence à Noël, célébration de la naissance du Sauveur, se poursuit à Pâques avec la commémoration de la Passion et de la résurrection du Rédempteur, continue à la Pentecôte, symbole de la descente de l'Esprit divin sur les humains, et se termine à la Toussaint, glorification de tous ceux qui ont atteint la Lumière éternelle. C'est dire l'importance de cette dernière fête qui est, en somme, le couronnement de toute expérience spirituelle réussie. Mais, dans l'opinion générale, celle des fidèles comme celle des incroyants, la fête de tous les saints est liée au souvenir de tous les défunts sans exception, car ceux-ci, même s'ils ne sont pas reconnus officiellement comme « saints » par les autorités ecclésiastiques, peuvent toujours être considérés comme des Elus.

La datation de la Toussaint

Depuis les temps les plus reculés, les humains ont toujours eu soin de préserver la mémoire des disparus et, dans beaucoup de cas, de leur rendre un véritable culte. Depuis les hypogées du Proche-Orient jusqu'aux monuments aux morts — plus ou moins de bon goût — qui se dressent sur la place de la moindre commune, on a eu le souci d'honorer ceux qui n'étaient plus et dont chacun des vivants se sentait l'héritier et le continuateur. On pourrait même dire que l'humanité, depuis son apparition sur terre, a tenté d'établir une chaîne ininterrompue entre les vivants et les plus lointains ancêtres. Le soin apporté à la construction de ces tombeaux ou de ces monuments commémoratifs prouve que cette chaîne symbolique s'appuyait sur la conscience profonde qu'aucun être humain, bien qu'*individu,* c'est-à-dire « singulier », n'est isolé des autres êtres humains, qu'ils soient vivants ou qu'ils aient rejoint les régions mystérieuses de l'Autre Monde.

Mais, en toute logique, étant donné qu'une sorte de culte des morts, avoué ou inconscient, a toujours existé dans toutes les civilisations, on est en droit de prétendre qu'il y a toujours eu des moments privilégiés où l'on pouvait entrer en contact avec les disparus. On en connaît les grandes lignes dans les civilisations dites historiques parce qu'elles ont laissé des traces qui semblent indubitables, mais, pour ce qui concerne la préhistoire, faute de documents écrits, on ne possède aucune indication précise d'un calendrier liturgique incluant une fête des Morts à une date déterminée de l'année. On en est réduit aux conjectures. Cependant, en ce qui concerne la civilisation mégalithique (qui court, en Occident, de 5000 à 2000 avant J.-C.), il est possible, grâce à des découvertes archéologiques récentes, de dater avec précision — et avec la plus grande vraisemblance — à quelle époque de l'année se situaient les rituels funéraires.

On sait que les dolmens (terme breton qui signifie « table de pierre ») ou ce qu'on appelle les « allées couvertes », parties internes d'un *cairn,* c'est-à-dire d'un tertre composé de pierres et de terre, sont avant tout des tombeaux, individuels ou collectifs. Mais comme c'est le cas pour des églises érigées sur la tombe d'un saint ou d'un martyr, ces *cairns* sont également des sanctuaires. D'ailleurs, s'il est évident que seules quelques personnes (des prêtres) officiaient à l'intérieur d'un dolmen ou d'une allée couverte, certains de ces monuments, en Irlande, présentent de véritables parvis circulaires où pouvaient se rassembler de nombreux fidèles. Le tout est de savoir pour quelles cérémonies.

Or, lors de la restauration du célèbre *cairn* de Newgrange, le *sidh* de Brug-na-Boyne des grandes légendes irlandaises d'époque celtique, on s'est aperçu qu'il existait une ouverture au-dessus du seuil et que cette ouverture, au moment du solstice d'hiver, permettait aux rayons du soleil levant de pénétrer à l'intérieur du tertre et d'inonder littéralement de lumière la chambre funéraire. Et cette chambre funéraire, dont la voûte est en encorbellement, comporte trois absidioles dans chacune desquelles se trouvait une sorte de vasque creusée dans un bloc de pierre où étaient disposés les ossements et les cendres des défunts. Il s'agit, à n'en pas douter d'un rite de régénération symbolique, d'une renaissance dans l'Autre Monde, ce qui amène à penser qu'au solstice d'hiver, au moment le plus noir de l'année, se déroulait dans ce lieu une liturgie funéraire particulièrement importante. Et, conséquence de cette découverte quelque peu fortuite vers 1960, on s'est aperçu également que le même phénomène se produisait dans d'autres monuments mégalithiques, tant dans les îles Britanniques que sur le continent [1].

Le choix de la date, le solstice d'hiver, n'est pas gratuit et répond à une sorte de conscience qu'ont eue les peuples constructeurs de mégalithes d'appartenir au cosmos tout entier et de « vibrer » au rythme vital de celui-ci. Mais d'autres peuples, tout en ayant cette conscience, n'ont pas choisi les mêmes dates. Sans doute obéissaient-ils à

1. Voir J. Markale, *Dolmens et Menhirs, la civilisation mégalithique*, Paris, Payot, 1994.

d'autres références plus en rapport avec leur position géographique aussi bien qu'avec leurs spéculations intellectuelles et spirituelles.

Ainsi, les Grecs avaient coutume de célébrer le souvenir des Morts le troisième jour des fêtes qu'ils appelaient les Antesthéries. Et c'était au printemps, probablement à cause du symbolisme de cette saison, le renouveau. Mais les Romains avaient choisi de placer une fête identique au moment des Parentales, entre le 13 et le 20 février, ce qui relevait d'ailleurs d'une certaine forme de culte des ancêtres. Quant aux anciens Germains, ils préféraient évoquer les défunts pendant ce qu'ils appelaient le Cycle de Youl, autrement dit dans la période du Noël chrétien.

Le christianisme a toujours eu le souci de commémorer les défunts, considérés dans leur totalité, comme des « frères en Jésus-Christ ». Cependant, il ne semble pas qu'une fête particulière leur ait été consacrée dans les premiers temps, sauf dans les Eglises d'Orient, depuis le IVe siècle, où elle fut établie le premier dimanche après la Pentecôte. En Occident, il faudra attendre le VIIe siècle pour voir apparaître une tentative institutionnelle.

C'est, en effet, en 607 que le pape Boniface IV fit la dédicace, à Rome, d'une église consacrée à La Vierge et à tous les martyrs. Mais il ne s'agissait pas d'un édifice nouvellement construit, bien au contraire : c'était l'antique Panthéon païen de Rome qui était ainsi récupéré et christianisé. Ainsi les dieux romains du passé laissaient-ils leur place aux saints de la religion triomphante. Et le sanctuaire prit le vocable de « Notre-Dame-des-Martyrs ». Cependant, aucune date ne fut précisée quant à d'éventuelles cérémonies liturgiques qui auraient pu s'y dérouler.

Par contre, il est possible de fixer les débuts officiels de la Toussaint, telle qu'elle s'est répandue ensuite dans la chrétienté, en 731. En effet, cette année-là, le pape Grégoire III fit ériger dans l'église Saint-Pierre-de-Rome une chapelle dédiée « à tous les saints ». Et surtout, il décida que, chaque 1er novembre, on y célébrerait une messe et un office particuliers. A partir de cette date, la coutume fut respectée, mais seulement à Rome. C'est seulement en 837, sous le règne de l'empereur Louis le Pieux, fils de Charlemagne, qu'elle fut introduite dans les territoires carolingiens, mais cette fois-ci d'une façon générale et définitive. Le 1er novembre était donc devenu la Toussaint.

Une question se pose : pourquoi le pape de Rome a-t-il décidé que cette fête de la « Communion de tous les Saints » serait célébrée le 1er novembre alors que le fonds traditionnel méditerranéen aurait pu lui faire choisir une tout autre date, plus en conformité avec la mentalité romaine ? Car la date choisie correspond exactement à celle de la fête celtique — et donc druidique — de *Samain*.

Il n'y a qu'une seule réponse : l'influence des moines irlandais dans la chrétienté continentale au cours des VIe, VIIe et VIIIe siècles, et particulièrement de saint Colomban, ardent évangélisateur, « pèlerin pour l'amour de Dieu », fondateur des célèbres abbayes de Luxeuil, dans les Vosges, et de Bobbio en Italie du Nord, dont les disciples, fort nombreux, ont répandu la règle monastique dite « colombanienne » et des usages liturgiques qui, s'ils ont été souvent décriés par les prélats romains, ne les ont pas moins marqués [1]. De plus, au temps de Charlemagne, les clercs qui entouraient l'empereur, dont le fameux Alcuin, véritable ministre de l'éducation, avaient été formés dans des monastères insulaires qui se référaient tous au modèle irlandais. On sait aujourd'hui que la notion de Purgatoire est issue des spéculations des clercs irlandais. On ne peut donc s'étonner de cette concordance entre le souci légitime qu'ont eu les papes de valoriser les martyrs et les saints et le vieux fonds traditionnel celtique que véhiculaient, consciemment ou non, les missionnaires venus d'Irlande et qui avaient contri-

1. Voir à ce sujet, J. Markale, *Le Christianisme celtique et ses survivances populaires, op. cit.*, ainsi que *Le Périple de saint Colomban, op. cit.*

bué à rechristianiser des régions entières du continent, en particulier la Gaule du Nord et de l'Est, les alentours du Rhin et même l'Italie du Nord. Que le pape Grégoire III ait suivi les conseils de ces clercs irlandais, qui étaient tous fort érudits et fort influents, en érigeant le 1er novembre en fête de tous les saints, parallèlement à à la tradition celtique de *Samain,* cela ne semble faire aucun doute.

Mais cette origine celtique, donc païenne, tout au moins quant à sa datation, confère à la Toussaint chrétienne une singulière ambiguïté. D'après ce qu'on sait de la religion druidique, il n'existait pas chez les Celtes une quelconque croyance en une récompense ou un châtiment dans l'Autre Monde, pas plus qu'il n'y avait de distinction entre le Bien et le Mal absolus. Donc, tous les humains qui mouraient étaient susceptibles de se retrouver dans une autre vie et dans un même lieu. La notion de Paradis et celle d'Enfer sont inconnues chez les Celtes préchrétiens. Il n'y a pas de pesée des âmes. Il n'y a pas *jugement,* mais *évolution* de l'être dans une autre dimension car, selon les paroles gauloises rapportées par Lucain dans *La Pharsale,* « la mort n'est que le milieu d'une longue vie ». L'Autre Monde celtique est indifférencié, et chacun peut prétendre y accéder.

Il en est tout autrement dans la théologie chrétienne, bâtie en grande partie sur la tradition hébraïque du Dieu terrible qui châtie les méchants et récompense les justes. La fête de la Toussaint est donc une glorification des justes, de ceux qui « sont à la droite du Père ». Les autres sont rejetés dans les ténèbres, ou dans les tourments de l'Enfer éternel. La différence paraît non seulement fondamentale mais rédhibitoire. La liturgie chrétienne de la Toussaint consiste en une exaltation des Elus, et elle se traduit par une *exultation*. C'est une fête de joie, et non un moment de deuil. C'est une fête de la vie éternelle et non un concert de lamentations. Les ornements sacerdotaux utilisés dans les cérémonies du 1er novembre l'affirment avec la plus grande vigueur. Et tous les textes scripturaux qui sont lus à cette occasion sont des paroles d'espoir, des paroles de plénitude, des paroles de confiance dans une vie éternelle exempte de souffrance et de mort, tout entière baignée de lumière, ce qu'on appelle la « Béatitude ».

Mais cela, c'est de la théologie cléricale et savante. Si l'on examine comment cette fête joyeuse est vécue chez les fidèles, on s'aperçoit que tout est faussé. Les chrétiens confondent absolument la fête des Morts et celle des saints, et les expressions populaires à propos d'un temps maussade et pluvieux qualifié de « temps de Toussaint », les visites au cimetière, le fleurissement des tombes des défunts, tout cela contribue à créer une atmosphère de tristesse et d'angoisse, ce qui n'était pas prévu à l'origine lors de l'institution de cette fête. Tout se passe comme si l'inconscient collectif populaire refusait la sélection opérée par l'Eglise officielle et mêlait sans discernement les Elus à tous les défunts quels qu'ils soient. C'est évidemment un retour vers la nuit de *Samain,* « où tous les tertres sont ouverts », et où chacun peut aller d'un monde à l'autre dans une totale fusion des êtres passés, des êtres de maintenant et des êtres du futur, phénomène qui n'est pas le moins du monde paradoxal puisqu'en cette période le Temps est aboli. C'est pourquoi ce même inconscient collectif a conservé et restitue actuellement les rituels très anciens, parfois devenus incompréhensibles, qui se manifestent au cours des cortèges d'*Halloween,* dans lesquels, de façon symbolique et même théâtrale, il n'y a plus de séparation entre les vivants et les morts.

La fête des Morts

Mais cette persistance d'éléments païens lors d'une fête éminemment chrétienne n'était pas sans inquiéter certains esprits éclairés. Certes, à chaque célébration de messe, le prêtre prend soin d'associer les fidèles disparus au sacrifice eucharistique, cela au moment du *Memento* : « Souviens-toi, Seigneur, de ton serviteur untel ou untel… » Mais ce rappel obligatoire se fait en vertu de la communauté fraternelle des âmes hors du temps, ce n'est pas une imploration des défunts conduisant nécessairement à une sorte de culte des ancêtres. Alors, certains théologiens ont cherché, non pas à éliminer les pieuses manifestations envers les défunts, mais à les séparer de la liturgie de la Toussaint et à les placer dans un autre cadre. Saint Augustin lui-même a écrit un ouvrage, *De cura gerenda pro mortuis* (« Sur les devoirs envers les morts »), et recommandait de célébrer des messes pour le repos de l'âme des défunts. Et bien d'autres ont insisté sur le fait que les vivants pouvaient aider les défunts, notamment par la prière. C'est ainsi qu'est apparu le « jour des Morts », fixé immédiatement après la Toussaint, le 2 novembre[1].

Cette institution officielle du jour des Morts est due essentiellement aux moines de l'ordre de Cluny et plus particulièrement à saint Odilon de Mercœur. Ce personnage naquit en 962 à Saint-Cirgues, près de Lavoûte-Chilhac (Haute-Loire), d'une noble et riche famille d'Auvergne. Ayant reçu une brillante éducation intellectuelle à Brioude, où le tombeau de saint Julien était l'objet d'une grande vénération, il se sentit attiré par la vie monastique, surtout depuis sa rencontre avec saint Mayeul, quatrième abbé de Cluny. Il se fit donc moine à Cluny et, en 994, à la mort de Mayeul dont il était devenu le coadjuteur, il fut élu cinquième abbé du célèbre monastère. Il se montra non seulement un remarquable administrateur, fondant

1. Il s'est produit quelque chose d'équivalent à propos de la Chandeleur, fixée au 2 février. Là, l'influence des moines irlandais est une fois de plus incontestable : la Chandeleur chrétienne a pris la place de la fête celtique d'Imbolc, fête du milieu de l'hiver, mais comme on commémorait sainte Brigitte de Kildare, patronne de l'Irlande après saint Patrick (bien que cette Brigitte soit fort suspecte, ayant pris la place de la déesse Brigit, assimilée à la Minerve gallo-romaine), le 1er février, et comme il n'était pas question de déplacer cette fête, on décida de reporter la Chandeleur au jour suivant.

de nombreuses filiales clunisiennes, en particulier dans son pays natal à Lavoûte-Chilhac, mais également un grand mystique et un homme de grande charité. Et, très tôt, le sort des âmes qui pouvaient ne pas avoir été admises au Paradis fut un sujet de préoccupation et même de tourment pour lui.

Si l'on en croit le biographe Jotsald, lui-même moine de Cluny, auteur d'une *Vita sancti Odilonis* [1] qu'il termina quatre ans après la mort d'Odilon, celui-ci aurait pris la décision d'imposer à tout l'ordre clunisien la célébration du jour des Morts, le 2 novembre, à la suite d'une visite qu'il aurait reçue d'un pèlerin plus ou moins visionnaire dont l'influence sur lui aurait été déterminante.

Voici ce que raconte Jotsald sur cette étrange histoire. Un religieux français dont on ignore le nom était allé accomplir un pèlerinage à Jérusalem. Au retour de Terre sainte, le bateau dans lequel il avait pris place s'échoua sur un îlot rocheux de la Sicile où résidait un ermite. Un long dialogue s'établit entre le pèlerin et l'ermite, et ce denier lui demanda de transmettre un message à Odilon, abbé de Cluny. Puis l'ermite s'exprima ainsi : « Il existe des lieux où les âmes des pécheurs, pendant un temps déterminé, purgent dans un feu brûlant et avec de grandes souffrances les restes de leurs péchés. Les démons qui leur infligent ces souffrances sont très en colère contre ceux qui, par leurs prières et leurs aumônes aux pauvres, écourtent leur séjour en ce lieu et, en quelque sorte, leur ravissent les âmes qu'ils torturent. Parmi ces ravisseurs d'âmes, les plus efficaces sont les moines de Cluny, avec à leur tête, l'abbé Odilon. Aussi, je te conjure par Dieu, si tu as le bonheur de revenir parmi les tiens, fais connaître à cette communauté tout ce que tu as entendu de ma bouche, et invite ses moines à multiplier les prières, les veilles et les aumônes

1. Le manuscrit de cette *Vie de saint Odilon*, qui a été édité par le célèbre Mabillon, moine fort érudit de la seconde moitié du XVIIe siècle, se trouve actuellement conservé à la bibliothèque de Cluny.

pour le repos des âmes plongées dans les peines, afin qu'il y ait ainsi plus de joie dans le ciel et que le diable soit vaincu et dépité. »

Légende ou réalité ? Nul ne le sait. Toujours est-il que le pèlerin anonyme, de retour en France, vint spécialement à Cluny pour rencontrer l'abbé Odilon et lui rapporter les paroles de l'ermite. Odilon fut profondément ému par ce qu'il venait d'entendre et, sans plus hésiter, il ordonna immédiatement à tous les monastères de l'ordre clunisien de consacrer le lendemain de la Toussaint au souvenir de tous les fidèles défunts, quels qu'ils fussent, en récitant des prières, en célébrant des messes et en offrant le plus d'aumônes possible aux pauvres les plus démunis. Il est vraisemblable que cet ordre fut mis par écrit quelque temps avant le 2 novembre 998 afin d'être copié et envoyé à tous les établissements qui relevaient de Cluny.

Toujours d'après son biographe, Odilon de Mercœur ne se serait pas contenté d'ordonner la célébration du jour des Morts le 2 novembre, mais il aurait pris soin d'organiser la liturgie de cette commémoration. « Le soir de la Toussaint, après les vêpres de cette fête, on sonnera toutes les cloches, et on récitera l'Office des Morts. Le lendemain, après matines, la messe sera célébrée pour les défunts comme aux jours de solennité, au son de toutes les cloches. Tous les frères célébreront la messe en particulier, ou en public, pour le repos de tous les fidèles défunts et l'on donnera un repas à douze pauvres. Nous voulons, demandons et ordonnons que le présent décret soit observé à perpétuité, dans ce monastère de Cluny, aussi bien que dans tous les autres monastères qui en dépendent, et si quelqu'un prend exemple sur notre pratique, qu'il soit comblé de toutes les bénédictions. »

Effectivement, ce commandement, qui était à l'origine réservé aux moines clunisiens, devint à partir des années 1050 une règle générale observée dans toutes les églises chrétiennes. C'est devenu une fête institutionnelle qui n'est plus contestée par personne et qui ponctue l'année liturgique au même titre que les autres fêtes. Il faut noter qu'aucun pape n'a officialisé le jour des Morts en tant que fête d'obligation, mais que cette coutume est à présent observée dans l'ensemble de la chrétienté, comme en témoigne la commémoration solennelle du dixième centenaire du décret d'Odilon de Mercœur par le pape Jean-Paul II, le 2 novembre 1998.

Ainsi étaient conciliées les obligations proprement spirituelles de l'Eglise catholique romaine et les traditions populaires héritées des temps les plus reculés du paganisme. La Toussaint, vouée à l'exaltation des saints et des bienheureux, n'était plus la fête des Morts, mais celle-ci, par le biais du décalage d'un jour, était indissolublement liée à la Fête de tous les saints. La séparation n'était que liturgique, et non pas doctrinale, les deux croyances n'étant nullement contradictoires. C'est pourquoi il convient de considérer *Halloween* non pas comme une manifestation païenne isolée, mais comme le complément populaire indispensable de la célébration de la Toussaint et de la commémoration des défunts. Mais ce qui est remarquable, c'est que toutes ces célébrations sont issues de la même souche : la fête celtique de *Samain* dont le sens et la profondeur dépassent de loin tout clivage ethnique, culturel ou même religieux, puisque cette double notion d'interconnexion entre les deux mondes et d'abolition du temps échappe à toute tentative de sectarisme dogmatique.

Le Purgatoire

Mais comment expliquer que des êtres, autrefois incarnés, puissent ainsi envahir le monde des vivants sous une forme apparente, et cela certaines nuits de l'année qui leur sont plus particulièrement consacrées ? Comment expliquer que des défunts, tourmentés dans l'Autre Monde, puissent être sauvés par des interventions humaines ? Comment expliquer, dans un cadre rigide comme celui du christianisme, la possibilité de communiquer entre les deux mondes et surtout la possibilité d'interventions réciproques ? Les contes populaires de la tradition orale sont riches en récits où des défunts, malheureux et souffrant atrocement, sont soulagés et finalement sauvés par une intervention humaine. Et bien souvent, ces défunts, parvenus à l'état bienheureux, manifestent leur reconnaissance en aidant ceux qui les ont tirés d'affaire dans des moments difficiles ou tragiques [1]. Là encore, les réponses ont été fournies par les moines irlandais et bretons insulaires, et ces réponses ont profondément influencé le christianisme continental.

Chez les Celtes préchrétiens, la notion de péché telle qu'elle est formulée dans la Bible hébraïque est inconnue. En fait, le péché consiste non pas en une *désobéissance* envers une loi divine répressive, mais en une *non-réalisation* de l'être, conception parfaitement compatible avec la parabole évangélique des dix talents. Par conséquent, les « fantômes » et autres « êtres nocturnes » qui se répandent parmi les vivants au moment de la Toussaint (ou de *Samain,* ou d'*Halloween*) ne sont pas forcément des pécheurs, au sens habituel du terme, mais des âmes qui souffrent parce que, pour une raison ou pour une autre, elles n'ont pas accompli dans leur vie le rôle qui leur était destiné. Et, dans cet Autre Monde, ces âmes réclament le droit de tenter une nouvelle expérience, de racheter en quelque sorte leur faiblesse passée soit par des épreuves personnelles, soit avec l'aide des vivants. Ainsi apparaît la notion très importante dans le catholicisme romain du *Purgatoire,* lieu ou état où des âmes se purifient pendant un certain temps avant d'être admis à la lumière éternelle.

Mais le Purgatoire chrétien n'est pas la *Géhenne*

1. On pourra lire de nombreux contes de ce genre dans J. Markale, *Contes de la Mort des pays de France,* Paris, Albin Michel, 1994.

hébraïque, lieu indifférencié qui, à l'instar du royaume souterrain d'Hadès, chez les Grecs, ressemble davantage à un dépotoir d'ombres dont on ne sait que faire qu'à un Autre Monde compensatoire. Il est essentiellement une *étape,* un lieu de purification, selon les normes de l'Eglise romaine, où l'on expie les péchés véniels peu graves, ou les « péchés mortels » qui ont été pardonnés mais qui doivent être payés par une véritable « amende de compensation » à base de souffrance physique ou morale. L'idée de châtiment sous-tend le Purgatoire, mais il n'est pas certain que cette notion de Purgatoire, que tous les historiens et théologiens s'accordent pour être d'origine celtique, et surtout irlandaise, ait inclus au départ des composantes qu'on serait tenté de classer comme « masochistes ». L'*Imitation de Jésus-Christ* ne passe pas forcément par la crucifixion de chacun des fidèles.

Si l'on se réfère à toutes les spéculations des Celtes préchrétiens, donc de ceux qui voyaient dans *Samain* la « fraternité universelle des êtres et des choses », la mort est une *métamorphose,* le moment où l'on passe d'un état de conscience incarnée à un état de conscience désincarnée. A-t-on jamais pensé que le mot « Purgatoire » provenait du grec *puros,* qui signifie « feu », et dont on a fait le mot français « pur » ? Or, selon la pensée ternaire des Celtes, pour lesquels seuls existent trois éléments (l'Eau, la Terre et l'Air), ceux-ci sont transformés par ce qu'on appelle couramment le quatrième élément, le Feu, inexistant en lui-même mais agent indispensable au travers duquel se manifeste l'énergie divine créatrice. On peut en déduire que le Purgatoire, avant d'être un lieu de rachat pour des péchés problématiques, est un lieu de transformation.

En effet — et tous les textes d'origine celtique le démontrent —, la *salvation* de l'être est la conséquence de son accomplissement. La *Genèse* affirme que Iaveh a « créé l'homme (Adam) à son image », c'est-à-dire « mâle et femelle », et qu'il lui a donné la liberté. D'où l'incident de l'Arbre de la Connaissance. Mais, ce qu'on oublie trop souvent, c'est que si Dieu a créé l'homme (terme pratique synonyme d'*être humain*) à son image, c'est qu'il lui a donné, lui qui est créateur, le pouvoir de *création,* le chargeant du même coup de poursuivre la *création* qui s'est opérée auparavant. C'est pourquoi « Dieu se repose le septième jour » : il laisse à l'humanité le soin de continuer cette création. Les religions en ont conclu que l'être humain devait se reposer le septième jour pour honorer son créateur, ce qui est non seulement une aberration mais un défi au simple bon sens, un authentique blasphème contre Dieu.

Il semble que les Celtes l'avaient compris. Pour eux, d'après toutes leurs spéculations, il est nécessaire d'aller jusqu'au bout de ses possibilités, au prix d'efforts qui peuvent être surhumains, cela parce qu'il faut poursuivre la création divine : ainsi s'explique l'héroïsme d'un guerrier des épopées païennes capable des prouesses les plus fantastiques (par exemple, lutter seul contre quatre armées !) aussi bien que celui d'un moine chrétien se livrant à une ascèse hors du commun. Mais ceux qui ne sont pas allés jusqu'aux extrêmes, ou qui n'ont pas osé y aller, ont trahi la mission qui leur avait été confiée. Ils ne peuvent pas pénétrer dans le royaume de lumière. Et ce sont eux qui errent ainsi dans les ténèbres, souffrant sans aucun doute, mais prêts à accomplir dans l'Autre Monde ce qu'ils n'ont pas réussi dans ce monde-ci.

Le péché est donc un échec. Or tout échec est susceptible d'être réparé. Cette affirmation a été véhiculée par les moines irlandais, ces « pèlerins pour l'amour de Dieu » qui ont littéralement noyauté l'Eglise romaine du VIe au IXe siècle. Si cette Eglise romaine, en ses débuts historiques, a toujours recommandé de prier pour les défunts, cet apport insulaire a eu pour effet de préciser de quelle manière cette prière pouvait être efficace : il fallait sauver les âmes qui attendaient le moment de pénétrer dans le royaume de

Dieu. C'est dans cette optique que, sous la poussée des traditions populaires, sont apparus tant d'autels consacrés aux âmes en peine, et ce pendant tout le Moyen Age.

Mais ce n'était qu'une tradition non codifiée, une sorte de tolérance. La croyance au Purgatoire, très répandue chez les fidèles, a donné lieu à des déviances qui elles-mêmes ont généré des abus et des aberrations. Certains membres du clergé, peu scrupuleux en vérité, promettaient volontiers « cent jours d'indulgence » à ceux qui leur apportaient des offrandes et qui accomplissaient à la lettre des actes de piété. En somme, il s'agissait de proposer aux fidèles une assurance pour l'après-vie : on pouvait pécher tranquillement en payant d'avance la faute commise. Au moment de la Réforme, Luther a violemment dénoncé ce « trafic des indulgences ». Et c'est pendant la Contre-Réforme catholique, à la sixième session du concile de Trente, que la notion de Purgatoire, officiellement codifiée, est devenue un dogme de foi. Mais seulement chez les catholiques romains et les anglicans de la « Haute Eglise ». Tout reste flou chez les orthodoxes, tandis que les protestants de diverses tendances refusent absolument cette notion.

Cependant, pour en arriver à cette reconnaissance officielle, il avait fallu prendre en compte les aspirations profondes des fidèles et les canaliser pour éviter à l'avenir d'autres abus. Ce faisant, c'était revenir aux sources celtiques, dans la lignée d'une fête de *Samain* débarrassée de ses éléments païens. Les âmes du Purgatoire continuaient d'errer, mais on savait maintenant qu'on pouvait les aider, et surtout par quels moyens spirituels on pouvait y parvenir.

La Protectrice des « Anaons »

Mais dans le judéo-christianisme persiste l'image d'un Dieu jaloux et cruel, celui de la Bible hébraïque, qui ne tolère aucune dérogation à ses commandements. Comment concilier cette conception en quelque sorte « puritaine » de Dieu avec une autre image, celle de la compassion et du pardon ? La réponse est nette : par un intermédiaire, un intercesseur, en l'occurrence par une vision féminine de la divinité, à la fois mère, donc *créatrice* et *dispensatrice* d'amour, et objet de vénération, pour ne pas dire d'adoration. Alors réapparaît dans la mentalité collective d'un Occident christianisé l'image primordiale de la Mère Universelle, la « grande déesse » aux multiples visages, la « Vierge innombrable », celle qui est *disponible* en permanence pour tous ses enfants, aussi bien les bons que les méchants, lesquels sont par nature ses amants. Le mythe de Cybèle et d'Attys (devenu chez les Grecs le mythe d'Aphrodite et d'Adonis) envahit la spiritualité chrétienne et s'impose comme la solution à tous les problèmes posés par la mort.

C'est évidemment la Vierge Marie, la *Theotokos* reconnue officiellement comme « mère de Dieu » par le concile d'Ephèse en 432, qui jouera ce rôle d'intermédiaire entre la puissance suprême et les créatures imparfaites. Cependant, que recouvre cette *Theotokos* asexuée et seulement maternelle sinon l'antique Déesse-Mère du Proche-Orient, quelque nom qu'elle ait pu porter, et qui était précisément honorée à Ephèse, lieu où d'ailleurs la tradition évangélique place la retraite de Marie en compagnie de saint Jean ? Et cette antique Déesse des Commencements est également la Déesse des fins dernières. Elle est figurée dans de nombreux monuments mégalithiques, comme protectrice des défunts, sous la forme de ce qu'on appelle parfois « l'idole en forme d'écusson », ou encore sous la forme stylisée d'une tête de chouette, au regard perçant, veillant dans l'obscurité sur le repos des défunts. Ce ne pouvait être qu'une entité divine féminine qui fût ainsi susceptible de prendre soin des défunts.

En effet, si l'on reprend l'exemple du *cairn* de Newgrange où le soleil pénètre dans la chambre funéraire au solstice d'hiver pour redonner vie aux défunts qui s'y trouvent, on est amené à faire de curieuses constatations. La structure architecturale d'un tertre mégalithique, de Newgrange comme de tous les autres du même genre, évoque indubitablement la forme d'un ventre féminin : il y a une entrée, très étroite et un couloir, également très étroit, qui monte légèrement au-dessus du niveau du sol avant de déboucher dans une chambre funéraire parfois très spacieuse — et qui n'est jamais au milieu du *cairn.* Ce n'est même pas un symbole, mais la représentation parfaitement claire de la vulve, du conduit vaginal et de la matrice où s'opèrent les métamorphoses entre la mort apparente et la vie réelle. Et, dans de nombreux *cairns,* on peut voir des gravures sur les supports, gravures qui figurent incontestablement une divinité féminine.

Mais, attention !... Comme pour les poupées russes, une image en cache une autre, et ainsi de suite. La plupart du temps, dans les églises, l'autel consacré aux âmes du Purgatoire est sous le patronage de la Vierge Marie. Mais qu'y a-t-il donc derrière cette image de la *Theotokos* reconnue officiellement par l'Eglise romaine ? Dans l'Europe occidentale, profondément marquée par les Celtes, c'est l'image d'une certaine déesse Anna ou Dana qui se profile dans l'obscurité des tertres. Et là, on retrouve intégralement toutes les traditions de la fête de *Samain,* quand les *sidhs* sont ouverts. Et qui habite les *sidhs* sinon les *Tuatha Dé Danann,* les peuples de la déesses Dana ? Or, Dana apparaît bien comme la mère universelle des dieux et des hommes (comme Cybèle), et elle réapparaît incontestablement dans le personnage de « sainte » Anne, mère de la Vierge Marie selon la tradition chrétienne, mais qui n'est jamais ni citée ni nommée dans aucun texte canonique.

Cela n'a pas empêché les Bretons armoricains d'en faire leur patronne, et l'on sait qu'en Bretagne, la *mam goz,* c'est-à-dire la grand-mère de Jésus a souvent pris le pas sur la Vierge Marie elle-même. Souvenir des temps anciens ?

Sans aucun doute. La tradition proprement brittonique, c'est-à-dire commune aux Bretons insulaires et continentaux, en a même fait l'ancêtre de la lignée des rois bretons[1] et, dans les contes populaires, on prétend que son époux Joachim était breton, ce qui donne lieu à de nombreuses versions où l'on voit sainte Anne finir sa vie dans la péninsule armoricaine.

Mais ce qui est remarquable dans la tradition armoricaine concernant cette « sainte » Anne, c'est la connotation populaire qui a été faite entre elle et les défunts. En effet, on dit que les trépassés qui reviennent sur terre hanter les chemins dans la nuit du 31 octobre au 1er novembre sont des Anaons, c'est-à-dire des « gens d'Anna[2] ». Le rapport de ces Anaons bretons avec les *Tuatha Dé Danann* irlandais est évident, et même si cette étymologie populaire est fausse, elle est chargée de signification : la grande Mère universelle, la « grand-mère » est la Déesse des Commencements, et aussi celle des Fins dernières, donc la protectrice des défunts qui sont tous ses enfants. Ce n'est pas par hasard si on a construit, dans l'enclos sacré de Sainte-Anne-d'Auray (Morbihan) un monument aux morts de la guerre de 1914-1918 où sont répertoriés les malheureux de toutes les paroisses bretonnes (y compris ceux du diocèse de Nantes, en Loire-Atlantique) qui sont tombés durant cette « boucherie héroïque », comme aurait dit Voltaire, et au demeurant parfaitement inutile.

Cependant, « sainte » Anne n'a pas complètement éclipsé la Vierge Marie, même en Bretagne. On peut dire

1. Voir dans J. Markale, le premier chapitre intitulé « la Ville engloutie, ou le mythe celtique de l'origine » de *Les Celtes et la Civilisation celtique,* Paris, Payot, 1969.

2. C'est une étymologie homonymique et analogique. En réalité, le terme Anaon s'apparente au mot gallois *Annwfn* (ou *Annwyn*) qui désigne l'Autre Monde, l'abîme originel. Donc, les Anaons sont littéralement les « gens de l'Autre Monde », exactement comme les « gens de la déesse Dana » de la tradition irlandaise, qui peuplent les tertres mégalithiques et les îles merveilleuses et qui, pendant le temps de Samain, se mêlent à la foule des humains.

qu'il y a eu fusion entre la Vierge et sa mère, et que toutes les deux sont les deux visages d'une même réalité, à savoir la grande Mère universelle. Dans la paroisse de Brennilis (Finistère) qui surplombe les sinistres marécages du Yeunn Ellez, considérés dans la tradition populaire comme l'une des principales portes de l'Enfer, la Vierge veille à ce qui se passe à la porte de l'Enfer, empêchant les démons de s'emparer de ses innombrables enfants. N'est-elle pas, pour François Villon dans sa *Ballade pour prier Notre-Dame,* « l'empérière [impératrice] des infernaux paluds » ?

On dira que tout cela se réfère à un lointain passé. Ce ne serait pas exact, et ce qui s'est passé à la fin du XIXe siècle dans un petit village du Perche (département de l'Orne), appelé Montligeon, prouve que la tradition de *Samain* perdure à travers les colorations chrétiennes qu'on a pu lui donner et même à travers les délires folkloriques d'*Halloween.*

Sur le versant occidental de la forêt de Réno, sur le territoire de la commune actuelle de La Chapelle-Montligeon, se dresse en effet une immense église bâtie au début du XXe siècle dans une architecture néo-gothique d'une grande pureté. Cette église, haussée ensuite officiellement au rang de « basilique », est le siège d'une « œuvre expiatoire » dont les membres s'engagent à prier pour les âmes les plus délaissées du Purgatoire, ces âmes anonymes qui errent en des lieux imprécis, ces mêmes lieux que les épopées mythologiques décrivent avec tant de pittoresque. La fondation de cette œuvre et la construction de cette basilique sont dues à un prêtre percheron qui mena, dans les années 1900, une vie très pieuse et exemplaire, l'abbé Buguet. Et son parcours spirituel n'est ni sans intérêt, ni sans rapport avec le concept d'*Halloween.*

L'abbé Buguet était donc né dans ce pays du Perche, région de bocage entre la Beauce et la Normandie proprement dite, à la mentalité traditionaliste mais néanmoins ouverte sur les innovations du siècle. Il était d'un milieu rural très simple mais très attaché aux valeurs chrétiennes qui l'avaient marqué dans son enfance. Devenu prêtre, puis nommé curé de la paroisse de Montligeon, rien ne le destinait à fonder cette œuvre qui allait plus tard prendre un essor singulier tant sur le plan social, avec la création d'une imprimerie et de logements sociaux, que sur le plan purement spirituel et liturgique. Un étrange événement survenu dans sa vie en décida autrement.

Il en a lui-même laissé le récit : « Depuis longtemps, j'aimais à célébrer la messe, le lundi, pour l'âme la plus délaissée du Purgatoire [...]. En mai 1884, une personne que je ne connaissais pas vint me demander de célébrer une messe à ses intentions. Son visage indiquait qu'elle était d'un âge d'environ cinquante ans ; elle était alors vêtue modestement, portant le costume d'une femme du peuple ; son air inspirait respect et confiance. Huit jours après, à cette messe que je célébrais selon sa demande et selon ses intentions à huit heures et au jour indiqué, je fus surpris de la voir au bas de l'église, vêtue d'une robe bleu ciel et la tête couverte d'un long voile blanc, descendant jusqu'à la ceinture. Qui était-ce ? Je ne l'ai jamais su et personne n'a pu me renseigner à ce sujet. Longtemps elle pria devant l'autel de la Sainte Vierge. A midi, comment et par quel endroit a-t-elle disparu ? Je l'ignore et, quoique sa présence eût à ce point éveillé l'attention que les personnes du bourg venaient pendant cette matinée à l'église pour la voir, personne n'a pu connaître par où elle avait dirigé ses pas [1]. » Il n'y a pas lieu de douter de la sincérité de ce témoignage. Et pourtant, quelle incroyable histoire...

Car cet événement a eu des témoins, et tous ces témoins se sont accordés pour affirmer qu'on n'avait jamais su où et comment était partie la mystérieuse femme au voile blanc. Quand on connaît la curiosité des villageois lorsqu'ils aperçoivent un étranger sur leur territoire, on est en droit de se poser des questions à propos de l'existence

1. *Petite Histoire de Notre-Dame de Montligeon*, 1938, p. 8.

réelle, charnelle, de cette femme. Alors, hallucination collective ou manifestation d'une entité qui a voulu apparaître quelque temps pour attirer l'attention des humains sur le sort des âmes tourmentées sur les chemins d'*Halloween,* ces âmes en peine qui attendent désespérément un geste d'amour pour retrouver la porte du royaume de Lumière ? Tout est possible.

Toujours est-il que se dresse à présent, à flanc de coteau, dans un pays profondément celtique à l'origine, cette basilique dédiée à Notre-Dame de Montligeon, la Vierge qui intercède auprès de son divin Fils pour abréger les souffrances des âmes errantes.

Les simulations grotesques d'*Halloween* ne seraient-elles pas, même si les acteurs de cette comédie n'en ont pas conscience, les incarnations temporaires de ces âmes qui errent sur les frontières des deux mondes ?

Quatrième partie

LES OMBRES D'HALLOWEEN

Il n'existe aucune fête qui n'ait de racines profondes dans le passé, soit qu'elle remplace une fête plus ancienne qui a été détournée de son sens primitif et récupérée dans un cadre socioculturel différent, soit qu'elle ait été conservée plus ou moins clandestinement dans une culture populaire parallèle avant de resurgir au grand jour à la suite de circonstances bien précises. C'est ainsi que les Saturnales romaines et la commémoration symbolique de la naissance de Mithra au moment du solstice d'hiver ont été récupérées et *canalisées* dans la célébration de la Nativité de Jésus, devenant ainsi le Noël chrétien. Il en a été de même pour la Toussaint chrétienne qui recouvre donc la fête druidique de *Samain*. Mais les manifestations d'*Halloween,* qui procèdent pourtant de la même fête de *Samain,* ne se sont pas confondues dans les cérémonies de la Toussaint chrétienne. Pourtant, elles se sont maintenues au cours des siècles, de façon parallèle et limitées à quelques pays avant de réapparaître un peu partout à l'aube du troisième millénaire.

La permanence d'Halloween

Ernest Renan, dans ses *Essais de morale et de critique,* affirme à propos des peuples celtes, avec la fierté que lui confère son appartenance à ces mêmes peuples, que « nulle race ne prit le christianisme avec autant d'originalité. [...] L'Eglise ne se crut pas obligée d'être sévère pour les caprices de la fantaisie religieuse, elle laissa faire l'instinct populaire et de cette liberté sortit le culte le plus mythologique peut-être et le plus analogue aux mystères de l'Antiquité que présentent les annales du christianisme ».

Renan est un enthousiaste qui voit dans les spécificités du christianisme celtique une sorte de justification quant à son éloignement de l'Eglise romaine. Il a sans doute raison sur le fond en affirmant que l'Eglise « laissa faire », mais le terme paraît très exagéré quand on sait la rigueur et même la violence verbale que Patrick et les premiers évangélisateurs de l'Irlande imposèrent pour lutter contre les « superstitions » du paganisme. Si l'on en croit la légende de saint Patrick, l'apôtre connaissait parfaitement les rites et les croyances des druides (qu'il aurait appris lors de sa captivité en Ulster) et s'efforçait de démontrer que sa propre magie — inspirée par Dieu — était plus puissante et surtout plus efficace que celle des druides. Certes, il ne faut pas prendre tout à la lettre dans cette vie merveilleuse de celui que les Irlandais considèrent comme leur premier protecteur, mais il est bien certain que les premiers missionnaires durent non seulement lutter contre les usages locaux mais très souvent composer avec eux. D'une façon générale, lorsqu'on ne peut extirper une croyance profondément enracinée dans la mémoire populaire, on la récupère et on lui donne une autre signification, un autre but plus conformes à la nouvelle idéologie. C'est de cette confrontation permanente entre l'antique sagesse druidique et le message évangélique qu'est né ce qu'on appelle, faute de mieux, le christianisme celtique.

De toute évidence, au moment de la conversion de l'Irlande au christianisme, la fermeté et la tolérance ont été pratiquées conjointement. Analysant l'œuvre apostolique de saint Patrick, Dom Louis Gougaud, dans ses *Chrétientés celtiques*, définit fort justement les limites de l'une et de l'autre : « Tant que les droits de la religion n'étaient pas en cause, il eut à cœur de se conformer aux mœurs du pays et de se montrer conciliant. Mais le [Patrick] croire capable d'accommodement avec le paganisme sur le terrain doctrinal, c'est se méprendre singulièrement sur le caractère de son œuvre. Au reste, nous avons là-dessus des textes formels. Le *Senchus Mor* nous apprend que, lorsqu'il fit alliance avec les *fili*[1], il exigea d'eux qu'ils renonçassent à toute pratique ne pouvant s'exécuter sans un sacrifice aux faux dieux. Il ne leur laissa aucun rite dont une offrande au diable fût un élément. Et, suivant le *Glossaire de Cormac,* il disait que quiconque continuerait à observer ces vieux rites n'aurait ni le ciel ni la terre, parce que les pratiquer c'est renoncer au baptême[2]. »

La cause est entendue. Les anciens rituels de *Samain* ont été éliminés de la fête chrétienne de la Toussaint, et les évangélisateurs de l'Irlande ont pris grand soin de préciser quelles étaient les limites à ne pas franchir. Seule l'idée perdurait, à savoir la communication entre les vivants et les morts, entre ce monde-ci et l'Autre Monde. La liturgie chrétienne n'aurait pas toléré la moindre mascarade sans renier l'élan spirituel qui la sous-tendait.

Mais ce rejet du rituel païen ne signifiait pas pour autant sa disparition. C'est alors qu'apparaît la tolérance après la rigueur. C'est le jour même de la Toussaint qu'on rend hommage aux Bienheureux. Pourquoi ne pas laisser la soirée précédente, et bien entendu toute la nuit, disponibles pour des manifestations, somme toute inoffensives, qui auraient pour but d'évoquer les défunts et de les intégrer,

1. Vers le ve siècle, l'institution druidique n'était plus ce qu'elle avait été. Les anciens druides, autrefois « les plus savants (tel est le sens de leur nom) » avaient laissé la première place aux *fili,* à la fois détenteurs de la sagesse druidique et chefs religieux incontestables. Les anciens druides eux-mêmes avaient été relégués au rang de sorciers de village. Et c'est avec les *fili* que, selon la tradition, l'Eglise aurait conclu alliance, les convertissant et acceptant certains de leurs usages, cela afin de respecter les structures de la société celtique.

2. W. Stokes, *Three Irish Glossaries,* Londres, 1862, p. 25.

ne fût-ce qu'en images symboliques, à la grande évocation des saints ? Evidemment, c'était séparer le *profane* du *sacré,* mais il n'y avait pas d'autre moyen : il valait mieux tolérer le grotesque en un temps déterminé plutôt que de le voir surgir en plein milieu d'une cérémonie sacrée.

Tout le monde y trouvait son compte : les clercs d'abord parce que rien ne venait ternir la pureté de la fête religieuse ; le peuple ensuite, parce qu'il avait besoin de perpétuer une mémoire ancestrale dans le respect de tout ce qui avait été fait jusqu'alors. Chacun était à sa place, ce qui évitait tout conflit. Et c'est dans cette optique qu'il faut considérer cette tolérance d'une Eglise pourtant intransigeante sur les principes envers des manifestations qu'elle tentait de déprécier en les classant au rang de défoulement nécessaire, de purification provoquée par l'excès avant la phase de communion proprement dite. C'est de la même façon que l'Eglise a toujours toléré les débordements du Carnaval avant la grande période d'abstinence du carême.

Ainsi donc, et dans le respect des accords — réels ou légendaires — passés entre saint Patrick et les *fili* d'Irlande, les rituels de *Samain* ont perduré, la nuit précédant la Toussaint, épurés de tout contexte sacrificiel qui eût pu les rendre « diaboliques », au titre de manifestations « folkloriques » qui pouvaient servir d'introduction — et de défoulement — au sérieux de la liturgie parfaitement orthodoxe de la fête chrétienne du lendemain.

Cette permanence va revêtir une importance particulière dans la mesure où, selon l'état d'esprit des Celtes, rien ne vient d'un pouvoir — temporel ou spirituel — central, mais bien plutôt d'une volonté bien exprimée de la base, autrement dit de la mémoire ancestrale des peuples concernés. La coutume de l'abbaye-évéché, si étrangère à la conception romaine d'une hiérarchie issue d'un point central unique et se répandant ensuite d'une manière centrifuge, va jouer un rôle déterminant dans cette maintenance. C'est parce que le pouvoir remonte de la base qu'il acquiert sa légitimité, et non par le contraire. Le principe est absolument en contradiction avec le système méditerranéen qui privilégie l'action du milieu vers les « ailleurs », mais il est conforme à la mentalité celtique qui fait remonter le pouvoir du plus bas vers le haut.

Il y a en plus une justification métaphysique à ce débordement d'*Halloween* où toutes les valeurs sont sinon niées du moins battues en brèche et méprisées durant le temps de la fête. On ne construit pas un immeuble à un emplacement où s'élevait un édifice sans détruire auparavant les anciennes fondations pour en construire de nouvelles. C'est ce qui se passe dans la soirée du 31 octobre. *Samain,* on l'a dit, est le point où finit l'été, où tout se détruit, où tout se disperse. Mais le but n'est pas discutable : il s'agit de détruire pour mieux reconstruire. En tant que « nouvel an », *Samain* ne peut apporter quelque chose de nouveau que s'il y a eu auparavant dissolution, *chaos.* Le Chaos est nécessaire si l'on veut structurer. La fin de l'année s'achève et il faut impérativement la détruire avant d'en reconstruire une autre. Dans les rituels complexes du Carnaval, ce n'est pas sans saison qu'on brûle, à la fin de la fête, l'effigie de « Sa Majesté Carnaval ».

Il existe un principe remontant à la nuit des temps et qui se reconnaît dans les traditions alchimiques, c'est le fameux *Solve et coagula,* autrement dit « dissous et coagule », première phase de l'opération qui mène à l'élaboration de la Pierre philosophale. Et qu'est-ce qui peut mieux rendre compte de cette dissolution, de ce démembrement, de cette destruction, de cette remise en cause grotesque et ridicule de l'année écoulée sinon les cortèges et rituels ombreux d'*Halloween* ? En quelque sorte, on enterre l'année écoulée — tout en lui rendant hommage — et, ce faisant, on tue *symboliquement* le roi qui la personnifie parce qu'il l'a régie et qu'il est, par sa fonction même singulièrement affaibli. Donc on rejette l'ordre établi et on s'efforce d'en structurer un autre, qu'on espère évidemment beaucoup plus fécond, beaucoup plus « performant[1] », et finalement plus conforme à un ordre divin qui n'est pas toujours facile à découvrir.

Mais cela, ce n'était pas n'importe où. C'était seulement dans cette Irlande isolée du reste du monde et perdue en plein Atlantique, en dehors des circuits habituels, économiques, politiques et culturels, de l'Europe occidentale. Or, au VIe siècle, sous l'impulsion d'ardents personnages, autant guerriers impitoyables que missionnaires convaincus — comme « saint » Colum-Cille[2], le fondateur du monastère d'Iona, dans une des îles du sud des Hébrides, — le nord de la Grande-Bretagne, peuplée de Bretons et de Pictes, a été conquis politiquement et culturellement par les Gaëls d'Irlande. Ces derniers lui ont imposé à la fois leur nom (*Scottia,* pays des Scots, une des tribus d'Ulster), leur langue (le gaélique), ainsi que leurs traditions tant nouvellement chrétiennes (héritage de saint Patrick) que mythologiques païennes (en particulier tout le cycle dit « ossianique » autour du roi des *Fiana,* Finn mac Cool et de son fils Oisin). Ces territoires ont été, à cause de ces événements historiques, les dépositaires de la tradition de *Samain* telle qu'elle était vécue parmi des populations parfois d'origines très diverses mais qui s'étaient fondues dans le moule des sociétés de type celtique.

C'est donc dans l'Irlande et l'Ecosse du Moyen Age que les pratiques liées aux anciens rituels de *Samain* se sont

1. C'est le principe même de toute « révolution » qui comporte une série de meurtres réels ou symboliques avant d'atteindre un nouvel équilibre, une nouvelle harmonie.

2. Il est important de préciser que saint Colum-Cille, parfois appelé saint Colomba, notamment en France et chez les anglicans, est un personnage historique du début du VIe siècle. C'était un membre d'une famille royale d'Ulster qui, après de nombreuses aventures, dut s'exiler en Ecosse. Il ne faut surtout pas le confondre avec saint Colomban, moine de Bangor, personnage également historique de la fin du VIe siècle et du début du VIIe siècle, qui s'en alla, en tant que « pèlerin pour l'amour de Dieu », à travers la Gaule mérovingienne, contribua à rechristianiser le nord et l'est du royaume, fonda l'abbaye de Luxeuil et finit sa vie à Bobbio, en Italie du Nord, dans une autre abbaye qu'il avait établie.

maintenues, parallèlement à la liturgie mise en place par les clercs chrétiens pour la fête de la Toussaint, et apparemment sans aucun conflit d'aucune sorte entre la population et les prêtres chargés de l'édification des fidèles. Plus que jamais, durant cette nuit du 31 octobre au 1er novembre, le monde des morts était ouvert à celui des vivants — et inversement —, le temps était aboli et les fantômes, terme commode pour désigner des entités spirituelles cherchant contact avec les humains, pouvaient se matérialiser provisoirement et engager le dialogue avec leurs parents, leurs proches ou mêmes des inconnus qui avaient le don de « double vue ».

*La diffusion d'*Halloween

La fête populaire d'*Halloween* aurait pu survivre en milieu restreint, dans cette Irlande et cette Ecosse du nord-ouest de l'Europe. A vrai dire, elle s'est longtemps confinée dans ces régions avant de s'en échapper au cours du XIXe siècle et de déborder sur le monde, avant tout un monde de tradition et de culture anglophones. S'il y a eu, de tout temps, des coutumes particulières à propos de la Toussaint et des vestiges de la *Samain* celtique, c'est bien dans un milieu qui parlait la langue anglaise que la fête populaire d'*Halloween* s'est développée et a fait irruption dans les territoires où personne ne l'attendait. Et cela tient essentiellement à l'apport des Irlandais.

L'événement provocateur est indiscutablement la grande famine qui a sévi en Irlande au milieu du XIXe siècle, à la suite de la maladie qui a frappé la pomme de terre, nourriture essentielle des Irlandais à cette époque. Cette catastrophe a tué beaucoup de personnes, mais elle en a obligé beaucoup d'autres à émigrer, dans des conditions parfois très difficiles, vers des pays où elles espéraient pouvoir survivre. Et parmi les pays vers lesquels se sont précipités les

Irlandais mourant de faim et de misère, les Etats-Unis ont été l'image la plus parfaite de l'*El Dorado* des légendes. A l'ouest de l'Irlande, notamment dans la péninsule de Dingle, on assure communément que la prochaine paroisse, « c'est l'Amérique ». Ce n'est pas une boutade, mais une réalité géographique. Et c'est ainsi que d'innombrables Irlandais ont envahi l'Amérique et qu'ils y ont fait souche, très souvent en y occupant des situations privilégiées [1].

On n'emporte peut-être pas toujours la terre de ses ancêtres à la semelle de ses souliers, mais on traîne avec soi sa culture et ses traditions. Les Irlandais — mais aussi les Ecossais — ont emmené avec eux certaines habitudes de vie et le souvenir de fêtes ancestrales qu'en milieu étranger ils ont eu à cœur de conserver, de perpétuer, et aussi de répandre autour d'eux [2]. C'est ainsi que, pendant la seconde moitié du XIXe siècle, du moins dans certaines régions d'Amérique où l'élément irlandais était très dense, la fête d'*Halloween* a été mise à l'honneur parallèlement à celle de la Toussaint, celle-ci célébrée dans la plus pure austérité catholique. Et comme toute fête pittoresque susceptible de réveiller les ombres les plus profondes — et parfois les plus inquiétantes — de l'inconscient humain, elle a été non seulement tolérée mais admise officiellement

1. L'exemple de la famille Kennedy est significatif mais il n'est pas le seul. Il faut savoir que le président Ronald Reagan (comme son nom l'indique, « royal » en gaélique) et même le président Clinton sont d'origine irlandaise. Et que dire des « Mac Carthy », des « O'Toole », des « O'Hara », des « Mac Queen », des « Mac Donald », des « Mac Namara » et autres noms du même genre qui ont fait et font encore les Etats-Unis ?

2. Dans un tout autre domaine, celui du cinéma, comment expliquer que c'est aux Etats-Unis que s'est développé — très souvent avec génie — le thème du *western*, opposant plus ou moins les « fermiers » sédentaires aux « éleveurs » nomades, ou encore deux groupes rivaux d'éleveurs de troupeaux se disputant l'usage, sinon la possession, de pâturages capables de nourrir de nombreuses têtes de bétail. Si on analyse les structures du *western* classique, on retrouve intégralement celles des grandes épopées irlandaises du type de « la Razzia des Bœufs de Cualngé » où se distingue le héros Cûchulainn. Voir J. Markale, *Le Héros aux cent combats*, vol. 3 de *La Grande Epopée des Celtes*, *op. cit.*

même parmi les milieux les plus puritains d'une Amérique qui se cherchait des racines mythiques.

Et cette célébration d'*Halloween,* qui posait quantité de questions concernant le monde invisible et rencontrait les préoccupations de beaucoup de personnes qui n'étaient pas forcément de souche celtique, a débordé de son cadre originel irlandais de l'émigration pour se répandre dans le voisinage, mais essentiellement en milieu anglophone. C'est ainsi que le Canada de langue anglaise a été rapidement touché, et il faudra attendre les années 1920-1930 pour que cette invasion culturelle et folklorique atteigne, par contamination, la province francophone du Québec. Les années qui ont suivi la Seconde Guerre mondiale, avec le mélange de peuples que celle-ci a provoqué, ont accentué cette expansion. Et elle n'est pas terminée, bien au contraire.

On peut reconstituer facilement les grandes lignes de cette expansion. Le point de départ est incontestablement l'Irlande, de tradition gaélique mais où la langue anglaise est devenue dominante au cours des siècles. Chez les Irlandais, à l'origine, *Halloween* est une croyance, celle de la présence, la veille de la Toussaint, des défunts qui, ce soir-là (puisque les tertres sont ouverts) ont la permission de revenir dans l'environnement qui a été le leur pendant leur vie et de visiter leurs parents et amis. Mais, d'un autre côté, ces êtres, brusquement surgis de l'Autre Monde, faisaient peur aux vivants : ceux-ci ne risquaient-ils pas d'être enlevés par les esprits et de ne plus pouvoir revenir ? Alors, on évitait de sortir de chez soi la nuit d'*Halloween.* Cependant, pour manifester leur sympathie envers les âmes errantes, nombreux étaient ceux qui laissaient la porte de leur maison entrouverte : les défunts étaient ainsi invités à entrer mais en tant qu'hôtes dont le devoir était de respecter les habitants de la maison. Au reste, pour leur prouver qu'ils étaient les bienvenus, on entretenait soigneusement le feu et on laissait de la nourriture sur la table : les « visiteurs » pouvaient ainsi se réchauffer et se réconforter. Derrière ce rituel, apparaît clairement la sollicitude des vivants envers ceux qui souffrent dans l'au-delà et qu'il faut aider dans la mesure du possible. Cette attitude est tout à fait conforme à la recommandation faite par l'Eglise catholique à propos des prières pour les âmes du Purgatoire.

D'Irlande, *Halloween* s'est largement implanté en Ecosse, également pays de tradition gaélique et de langue anglaise dominante. Mais l'esprit dans lequel s'y manifestent les rituels est assez différent, sans doute parce que les Ecossais sont en majorité presbytériens, donc calvinistes, et beaucoup plus « rationnels » que les Irlandais catholiques. C'est pourquoi, le soir d'*Halloween,* autrefois, ce n'étaient pas les défunts eux-mêmes qui revenaient, mais des jeunes gens qui personnifiaient les esprits des morts en se dissimulant le visage sous un masque, un voile ou une couche de suie, revêtus de longues robes blanches ou de grotesques habits confectionnés avec de la paille. Peu à peu, ce furent les enfants qui prirent la relève dans ces mascarades, tenant à la main une lanterne creusée dans un navet ou dans une betterave, avec un feu vacillant qui symbolisait l'esprit mouvant des morts. Et les enfants quêtaient des friandises, lesquelles représentaient bien sûr les offrandes faites aux défunts.

Toutes ces manifestations, qui avaient tendance à se codifier, ont franchi l'Atlantique à partir du milieu du XIXe siècle, en majeure partie à la suite de l'émigration massive des Irlandais vers le nouveau continent, mais également sous l'influence de nombreux Ecossais qui se sont établis en Nouvelle-Ecosse, autrement dit en Acadie, où le mélange entre anglophones et francophones s'est réalisé avec une rare harmonie. L'état d'esprit catholique irlandais, centré sur l'aide à apporter aux défunts, s'est matérialisé en quelque sorte avec les cortèges grotesques issus d'une Ecosse trop puritaine pour prendre au sérieux la présence effective des ancêtres ou des parents le soir d'*Halloween.*

C'est alors qu'est apparu le symbole même de cette fête, ce fameux *Jack O'Lantern* dont l'image se perpétue actuellement dans les mascarades. La citrouille, évidée, creusée, sculptée en forme de tête de mort, avec une bougie allumée à l'intérieur, a personnifié un « errant », un Irlandais qui, selon la légende, n'avait trouvé sa place ni en Enfer, ni au Paradis, et qui était condamné à errer éternellement sur la terre.

Débordant alors de l'environnement anglophone, Jack O'Lantern a entraîné derrière lui de joyeuses bandes d'enfants grimés, déguisés, courant de porte en porte, quémandant quelques friandises, quelques pommes ou quelques noisettes — symboles de connaissance et d'immortalité. Et, sur la façade des maisons — ou derrière les vitres — ont surgi des images quelque peu sinistres évoquant de façon très précise des chats noirs, des fantômes, des sorcières hideuses, des visages grimaçants plus ou moins monstrueux ou diaboliques, sculptés bien entendu dans des citrouilles évidées qu'une chandelle éclaire de l'intérieur, ou achetés déjà tout prêts, et en plastique, la veille dans le plus proche *hyper-market* ou dans une petite boutique de « farces et attrapes ».

C'est ainsi qu'*Halloween* a de nouveau franchi l'Atlantique, mais en sens inverse, cette fois, à la grande satisfaction des enfants du continent qui *jouent le jeu* et se montrent dignes de leurs lointains ancêtres. Car si les mascarades de la soirée du 31 octobre ont tant de succès actuellement, c'est bien parce que le modèle américano-celtique correspondait parfaitement aux coutumes latentes de l'Europe occidentale, coutumes étouffées ou censurées pendant de nombreux siècles mais qui ne demandaient qu'à être revivifiées.

Croyances, rites et conjurations

En vérité, il est bien difficile de discerner ce qui appartient à la fête chrétienne de la Toussaint et ce qui ressort d'une tradition proprement païenne. Tout est confondu, comme si la mentalité populaire refusait comme étant contre-nature la frontière entre le profane et de sacré, entre le réel et l'imaginaire, entre le licite et l'illicite, entre les larmes et les rires, et finalement entre la vie et la mort.

D'une façon générale, dans toutes les campagnes, on croit que la nuit d'*Halloween* appartient aux trépassés. On sait — parce que certains l'ont vu — que les morts sortent de leur tombe pour aller prier dans les églises. On sait également que toutes les âmes, venues du Purgatoire et même de l'Enfer, fraternellement mêlées dans la souffrance et le malheur, forment des cortèges, des processions le long des chemins et des routes, se dirigeant vers les lieux où ils ont vécu afin de réclamer des prières ou des offrandes à ceux qui survivent. Un dicton breton affirme que cette nuit-là, « il y a plus d'âmes dans chaque maison que de grains de sable sur les rivages de la mer ».

Et ce n'est pas seulement en Bretagne armoricaine, pays celtophone, que l'on rencontre ces croyances. La région des Vosges — autrefois peuplée de Celtes — est riche en traditions de ce genre. On y raconte que celui qui sort cette nuit précédant la Toussaint ne peut pas mettre un pied devant l'autre « sans marcher sur les morts tant leurs rangs sont serrés ». Et parfois, on voit une boule de feu rouler sur un chemin en pente : c'est une âme en peine qui demande des prières, assure-t-on. Et on ajoute : « Malheur au passant qui, rencontré par elle, ne comprendrait pas son muet langage, car il ne pourrait rentrer chez lui sans peur et sans mal, et surtout sans sentir effroyablement le roussi[1]. »

1. A. Sauvé, *Le Folklore des Vosges.*

On remarquera que dans ces croyances populaires, tout est confondu, Toussaint, jour des Morts et *Halloween* proprement dit. On retrouve ici l'intemporalité qui caractérise la fête de *Samain,* à savoir les trois jours et trois nuits symboliques pendant lesquels la notion de durée limitée et rythmée par la succession de l'ombre et de la lumière est néantisée. L'Eglise catholique a voulu purifier en somme cette célébration de la Toussaint en cherchant à en éliminer les éléments les plus inquiétants — voire en les diabolisant et donc en les rejetant comme superstitions, comme tromperies démoniaques — mais elle n'y a guère réussi. Ces éléments troubles, opérant une synthèse entre les différentes composantes de *Samain,* se retrouvent naturellement dans les croyances et dans les manifestations populaires de tous les pays, suscitant parfois la crainte et même la terreur, mais confirmant à chaque détail qu'il s'agit bel et bien d'une période favorable à la communication entre les deux mondes.

Toujours dans les Vosges, montagnes qu'on considère trop facilement sous influence germanique mais qui ont été en fait un refuge pour d'antiques populations d'origine celtique, la veille de la Toussaint, d'après Sauvé, on découvrait les lits et on ouvrait les fenêtres « afin de permettre sans doute aux trépassés de reprendre dans les maisons la place qui leur était chère autrefois » . Dans quelques localités du versant alsacien de ces Vosges, on laissait même une corbeille remplie de noisettes près de la cheminée pour que les morts puissent s'en nourrir et compenser ainsi l'état misérable dans lequel ils se trouvaient hors du temps de la fête. Et surtout, on s'abstenait de chasser pendant cette période, parce que les bois étaient pleins d'âmes errantes et qu'il aurait porté malheur de les blesser accidentellement.

La même abstention est constatée, toujours dans les Vosges mais aussi en Bretagne, à propos du bêchage d'une terre. Le travail du jardinier qui enfonce sa bêche dans la terre — ou du cultivateur qui charroie — et qui creuse en profondeur rappelle évidemment celui du fossoyeur. De plus, pendant ce bêchage ou ce labourage, on risquerait de déterrer des ossements, ce qui serait un mauvais présage sauf si cette découverte, le soir même d'*Halloween,* n'était pas suivie d'un ensemencement, notamment de blé. Car « tous les saints qu'on célébrera le lendemain viendront bénir les champs ». Le thème chrétien de *Mors et Resurrectio* est ici rappelé de façon parfaitement imagée à l'usage d'une population rurale pour laquelle les travaux champêtres obéissent à des impératifs parfois très précis mais toujours en relation avec les rythmes cosmiques.

Or ces rythmes cosmiques risquent d'être bouleversés pendant le temps d'*Halloween,* et cela pour marquer l'abolition du temps. On raconte, en Auvergne, que le soleil levant, au matin de la fête des Morts, n'apparaît pas comme d'habitude à l'est mais à l'ouest. « La clarté qui précède le lever du soleil se lève du côté de l'occident[1]. » Cette inversion n'a d'ailleurs rien qui puisse étonner puisque, traditionnellement, et chez tous les peuples de l'Antiquité, Celtes, Grecs et Egyptiens compris, le royaume des morts se trouve toujours quelque part dans le grand océan qui entoure le monde, mais là où le soleil se couche. Au temps d'*Halloween,* c'est le retour des défunts : il est plus que normal que le soleil se lève à l'ouest.

Par ailleurs, non seulement le temps — « temporel », marqué en durée (anglais *time*) — est inversé et de toute façon bouleversé, mais le temps climatique (anglais *weather*) marque la rébellion des éléments naturels contre le destin. La formule « temps de Toussaint » n'est certes pas gratuite : c'est l'époque de la brume, de l'humidité froide, de l'opacité. Les orages peuvent se déchaîner contre le voyageur égaré. La neige peut recouvrir la terre et accroître l'égarement du pèlerin. Les dangers rôdent. Si l'on en croit

1. *Revue des Traditions populaires,* XIII, p. 99.

certaines traditions évidemment incontrôlables, communes à de nombreux peuples d'Europe, pendant la période de la Toussaint (donc durant trois jours et trois nuits), « l'Ange Gabriel soulève [...] le pied sous lequel il retient le démon captif, et rend à cet infernal ennemi des hommes le pouvoir momentané de les faire souffrir[1] ». On s'attendrait plutôt à ce que ce soit l'archange Michel qui libère pour un temps le grand Satan, mais le fait est là : des forces obscures sont déchaînées et se répandent sur le monde des vivants.

Evidemment, les voyages en mer sont encore plus périlleux pendant la période dite d'*Halloween*. Sur le littoral normand, on raconte que lorsque les prières pour les défunts avaient été insuffisantes pour procurer le repos aux âmes des naufragés, une tempête s'élevait au milieu de la nuit et un bateau s'avançait avec grande rapidité vers la jetée d'un port : ce navire, avec ses agrès brisés, ses voiles déchirées et son mât chancelant, était un de ceux qui avaient coulé dans l'année. On l'amarrait alors à quai, mais lorsqu'une heure du matin avait sonné au clocher de la plus proche église, un léger brouillard flottait sur la vague. Quand ce brouillard se dissipait, le navire et son équipage avaient disparu. Bien sûr, personne ne s'était risqué à monter sur ce navire. D'ailleurs, partir en mer, tant le soir d'*Halloween* que le jour des Morts, c'est affronter d'étranges dangers. On rencontrerait un vaisseau fantôme, ou de hideuses sirènes sur des rochers aigus où le bateau se briserait. En Bretagne, on dit aussi qu'on verrait « un cadavre dans chaque creux de lame[2] ». De plus, ceux qui oseraient aller pêcher cette nuit-là se verraient dédoublés à bord même du bateau. Autrement dit, chacun des marins aurait un sosie qui ferait les mêmes gestes que lui. Et lorsqu'on retirerait les filets, on risquerait assurément de trou-

1. A. de Chesnel, *Dictionnaire des superstitions, erreurs, préjugés et traditions populaires où sont exposées les croyances superstitieuses des temps anciens et modernes,* tome XX de l'*Encyclopédie théologique,* Paris, 1856.
2. *Dictionnaire des superstitions,* Forcalquier, 1967.

ver, au milieu des poissons, des têtes, des ossements et même des cadavres humains entiers [1].

En fait, étant donné l'abolition du temps et l'intercommunicabilité des deux mondes, la période d'*Halloween* est « inerte ». Donc, il faut s'abstenir des travaux habituels, en particulier des travaux domestiques. Il ne faut surtout pas faire la lessive dans une maison, car cela entraînerait la mort dans l'année de l'un des membres de la famille. D'ailleurs, laver un drap à ce moment-là équivaut à laver son propre linceul. Il ne faut pas non plus balayer, car cela risquerait de blesser les âmes errantes, lesquelles pourraient se venger. Toutes ces croyances en la présence des défunts pendant les trois nuits d'*Halloween-Samain* conditionnent donc des interdits fondamentaux qu'il est impossible de transgresser sous peine de retombées maléfiques sur soi ou sur ses proches.

Ainsi, dans plusieurs provinces continentales, on ne faisait jamais cuire de pain au moment de la Toussaint. Cela aurait porté malheur à tous ceux qui en auraient consommé. Cependant, en Ecosse et en Angleterre, il était d'usage de confectionner des *soul cakes,* autrement dit des « gâteaux des âmes », sous forme de petits pains ronds, que les boulangers vendaient en tant que porte-bonheur. On les mangeait généralement au souper de la Toussaint. Pendant ce repas, on se faisait un devoir de parler des défunts de la famille, de prier pour eux, mais on n'oubliait pas de boire force rasades à leur santé. Les restes de nourriture, en Bretagne le plus souvent des galettes de blé noir et du lait caillé, étaient laissés sur la table à la disposition des âmes errantes qui viendraient visiter la maison. Et avant de se coucher, on mettait dans le foyer une bûche spéciale, *kef ann anaon,* qui leur était réservée. Mais en Corse, on se contentait de placer un pot rempli d'eau afin que les défunts pussent se désaltérer, tandis qu'en Italie du Nord,

1. *Ibid.*

beaucoup de gens ne se couchaient pas dans leur lit ou le laissaient défait pour que leurs « visiteurs » pussent se reposer de leur longue errance.

Car les morts errent sans cesse à travers les chemins pendant ces journées d'*Halloween*. C'est pourquoi il n'est pas recommandé de laisser les chevaux dans les champs, car ils pourraient être montés par les morts : « Le lendemain, on retrouverait les chevaux si fatigués qu'il faudrait les garder à l'écurie pendant huit jours sans les faire travailler[1]. » De la même façon, il est dangereux d'atteler les bœufs à un char pendant la nuit d'*Halloween,* car les défunts pourraient se faire transporter ainsi jusqu'à leur ancienne demeure parfois très éloignée. Et surtout, les vaches ne doivent pas passer la nuit dans les pâturages, car les mêmes défunts pourraient fort bien les traire jusqu'à épuisement.

Et comme il y a communication entre le visible et l'invisible, la période d'*Halloween* est propice à la divination, tout au moins pour ceux qui ont le « don de double vue », généralement ceux qui sont nés pendant cette nuit-là. Pour connaître ceux qui allaient mourir dans l'année, il suffisait de se rendre dans une église ou au cimetière : les morts se rassemblaient alors auprès du reliquaire, ou de l'ossuaire en Bretagne, et donnaient à ceux qui voulaient — et pouvaient — les entendre la liste des futurs trépassés. Mais il y avait d'autres façons d'obtenir ce qu'on appelle en Bretagne des « intersignes », c'est-à-dire des signes annonciateurs d'un événement la plupart du temps tragique. A Aurillac (Cantal), « dans la nuit du 2 novembre, au moment où minuit sonnait, les spectres de ceux des habitants de la ville qui devaient trépasser dans l'année traversaient un à un le porche abbatial de Saint-Géraud. Ils marchaient lentement et se dirigeaient vers le cimetière. Là, le squelette de la Mort les prenait par la main et les conduisait chacun à leur tour jusqu'au cercueil où ils seraient

1. Van Gennep, *Manuel de folklore contemporain,* Paris, 1943-1958.

ensevelis[1]. D'ailleurs, en Grande-Bretagne, on savait très bien que les silhouettes des futurs trépassés apparaissaient dans les églises, après le douzième coup de minuit, dans la nuit d'*Halloween.*

Il y avait pourtant des moyens de conjurer le mauvais sort : en Ecosse, on postait un homme sous le porche de l'église, et il devait jeter un de ses vêtements sur chaque silhouette qu'il voyait entrer dans l'église. Ailleurs, on se contentait d'allumer un grand feu sur la place, souvenir évident du rituel de *Samain,* afin d'éloigner les esprits malins. Mais le meilleur moyen était de jeter de l'eau bénite sur les apparitions : celles-ci s'évanouissaient alors dans le brouillard.

Car si le christianisme n'a pu extirper de la mémoire populaire les images des dieux du paganisme, il a jeté sur elles une coloration diabolique : tout ce qui n'est pas chrétien est œuvre du diable. Or, le diable, c'est bien connu, ne pense qu'à faire le mal et, dans le cas de la nuit d'*Halloween,* il envoie ses créatures sur la terre afin d'en ramener le plus possible d'âmes. Le manichéisme est toujours présent, et la lutte entre Ahura-Mazda, le dieu de lumière, et Arhimane, le dieu de l'ombre, se poursuit interminablement par créatures intermédiaires. C'est alors qu'il faut choisir son camp et ne pas succomber aux tentations que ne manquent pas d'étaler devant les humains les envoyés de Satan. Et si l'on revêt des masques horribles, durant cette nuit d'*Halloween,* c'est aussi pour « faire peur » aux esprits diaboliques, tout au moins pour leur montrer qu'on fait partie de la même troupe. Les conjurations peuvent être réalisées de bien des manières.

Cependant, même si l'ambiguïté subsiste quant aux êtres de l'Autre Monde, le devoir des humains est toujours de tenter l'impossible pour les sauver lorsqu'ils sont soumis à une malédiction et condamnés ainsi à errer pour l'éternité.

1. *Revue des Traditions populaires,* VIII, p. 122.

La justification des rituels de *Samain* était la régénération des individus et de la société par le contact avec les puissances d'habitude invisibles. Cette idée de régénération subsiste dans *Halloween* et, sous l'influence du concept chrétien de charité, elle s'est inversée : ce sont les vivants qui doivent en quelque sorte régénérer les morts.

De nombreux contes populaires de la tradition orale de toute l'Europe occidentale insistent sur cette « mission[1] ». Ils offrent des variantes dans les détails, selon le lieu et l'époque, mais ils ont tous le même schéma directeur. A la suite de certaines circonstances, la nuit bien entendu (et même si cette nuit n'est pas datée expressément, on comprend que c'est *Halloween*), un humain se retrouve dans l'Autre Monde. Dans certaines versions, il assiste à une messe, et au moment de la quête, il a beau fouiller dans ses poches, il ne trouve pas une seule pièce de monnaie. Dans d'autres versions, il erre dans les rues d'une ville où des marchands ont dressé leurs étalages. Ces marchands lui proposent divers objets, mais lorsqu'il veut en acheter un, il s'aperçoit qu'il n'a pas d'argent sur lui. Il est alors chassé honteusement et souvent maudit par ceux qu'il a rencontrés. Puis, de retour dans le monde des vivants, il apprend que s'il avait donné une seule pièce de monnaie à la quête ou s'il avait pu acheter un objet, il aurait sauvé une multitude de gens. Ce genre de contes, où la coloration chrétienne est évidente, est néanmoins conforme en tout point à la signification même de *Samain* : cette nuit-là, il y a communication et échange entre les deux mondes avec interaction réciproque. Sur un plan spirituel chrétien, cela conduit à la Communion des Saints, ceux du passé, ceux

1. On en trouvera de nombreux exemples dans l'incontournable ouvrage d'Anatole Le Braz, *La Légende de la Mort en Basse-Bretagne*, constamment réédité et qui constitue un classique du genre. Il est seulement limité à la tradition populaire de Bretagne armoricaine, mais les contes choisis et recueillis par Le Braz ont une valeur universelle. Pour d'autres contes du même type, voir J. Markale, *Contes de la Mort des pays de France*, Paris, Albin Michel, 1994.

du présent et ceux de l'avenir, dans une abolition complète du temps et de l'espace.

On étonnerait certainement beaucoup les enfants qui, déguisés en fantômes, se répandent en bandes joyeuses dans les rues, le soir du 31 octobre, allant de maison en maison pour demander des friandises, un fruit ou une pièce de monnaie, si on leur disait qu'en agissant ainsi ils contribuent à sauver des âmes en perdition. C'est pourtant le sens symbolique de ces cortèges carnavalesques où la joie l'emporte sur la tristesse et l'aspect sinistre du destin. Ces enfants *jouent aux fantômes,* certes, mais aucun jeu n'est innocent. En recevant quelque chose dans leurs mains, ils établissent, sur un plan symbolique qui les dépasse, un échange fraternel entre le monde visible et le monde invisible C'est pourquoi les mascarades d'*Halloween,* loin d'être des manifestations sacrilèges, sont en fait des cérémonies sacrées dont les racines plongent dans la nuit des temps.

Conclusion

EXORCISER LA MORT

L'admirable poète gallois de langue anglaise Dylan Thomas a publié, juste avant sa mort en 1950, un recueil assez étonnant sous le titre de *Deaths and Entrances,* ce qui peut se traduire approximativement par *Morts et Initiations.* Dylan Thomas se laisse aller à une sorte d'écriture automatique de type surréaliste qui lui permet de remonter le temps dans son inconscient et d'aller découvrir dans un univers utérin, dont il fouille les moindres recoins, ce qui rattache la vie telle qu'elle est ressentie quotidiennement et la non-existence, celle d'*avant* comme celle du *lendemain,* — non-existence métaphysique autant que physiologique, considérée comme une porte ouverte vers l'infini. Sous une forme poétique assez difficile d'accès — et de traduction française encore plus malaisée [1] —, le poète qui, ce ne n'est pas un secret, était alcoolique au dernier degré, a atteint un état d'ivresse sacrée qui le mettait en contact permanent avec deux stades de conscience, un état médian qui le faisait participer à la fois au monde visible et au monde invisible. Pour lui, et le titre de son recueil est à cet égard parfaitement éloquent, « la mort est le milieu d'une longue vie » et fait déboucher celui qui la

1. J'ai traduit et publié certains de ces poèmes dans la revue *Cahiers du Sud* en 1954, attirant ainsi l'attention sur ce poète auparavant complètement inconnu des francophones.

subit dans d'autres espaces que ceux qu'il a coutume de fréquenter.

C'est une façon, non pas de « s'apprivoiser la mort », comme le disait Montaigne, mais de l'*exorciser* en établissant un lien étroit entre l'*avant* et l'*après*, ce qui démontre la permanence de la vie sous tous ses aspects ou tous ses états. C'est la leçon qu'il convient de tirer de la fête druidique de *Samain* et de ses survivances aussi bien dans la Toussaint chrétienne que dans les manifestations folkloriques d'*Halloween*.

Mais tout exorcisme de ce genre comporte parfois bien des risques. Le romancier britannique H. Ridder Haggard, auteur des célèbres *Mines du roi Salomon,* y fait allusion dans un étrange récit dont le titre anglais est *She,* transposé en français par *Celle qui doit être obéie.* Le héros, Alan Quatermain, au cours d'une exploration en Afrique orientale, pénètre dans une cité oubliée où règne une mystérieuse femme, du nom d'Ayesha. Celle-ci, amoureuse du héros, fait tout pour le séduire. Elle lui révèle qu'il est la réincarnation d'un de ses amants d'autrefois, dans l'Egypte des pharaons, et qu'elle-même a échappé à la mort après avoir acquis une puissance surnaturelle. Cependant, se sentant menacée par la vieillesse, dévorée par sa passion, elle décide d'accomplir un rituel de rajeunissement par le feu. On se croirait en pleine fête de *Samain.* Mais l'épreuve est trop forte : « Celle qui doit être obéie » recouvre son âge véritable et tombe en cendres sous les yeux horrifiés d'Alan Quatermain. Cette histoire n'est pas sans rappeler ce qui arrive à l'un des compagnons de Bran, fils de Fébal, dans le récit irlandais : après un séjour dans l'Autre Monde qui a duré deux cents ans, il tombe lui aussi en cendres après avoir mis le pied sur le rivage d'Irlande.

La tradition populaire se fait souvent l'écho des échecs d'une tentative d'exorcisme contre la mort. Un conte oral breton armoricain recueilli au XIXe siècle, *Koadalan,* relate les aventures d'un jeune homme un peu naïf au départ —

tel le Perceval de la légende du Graal — qui, à la suite de circonstances extraordinaires, entre en possession de secrets redoutables et quelque peu diaboliques, si l'on en croit la version christianisée. Grâce à ces secrets, il mène une vie fastueuse, mais une fois parvenu à un âge avancé, il veut échapper à la mort. Pour ce faire, il demande qu'on le tue, qu'on le démembre, qu'on le mette dans une terrine qui sera enfouie dans un tas de fumier sur lequel, pendant un an jour pour jour, une nourrice viendra verser de son lait. Le délai est d'ailleurs significatif : c'est l'espace de temps entre deux fêtes de *Samain,* comme dans le récit irlandais de *La Maladie de Cûchulainn.* Or, un jour avant que l'année soit écoulée, la nourrice oublie de venir répandre son lait et, cette maturation, alchimique autant que magique, étant incomplète, le héros meurt inexorablement[1]. Il s'en est fallu de peu que l'exorcisme réussisse.

Mais la tentative est parfois couronnée de succès, même si ce n'est pas par sa propre volonté que le héros subit l'épreuve. Un autre conte de Bretagne armoricaine, la *Saga de Yann,* en constitue un bel exemple. Il s'agit d'un jeune homme né dans des circonstances particulières — plus ou moins surnaturelles ou magiques — grâce à l'aide d'un sorcier, qui se lance dans une série d'aventures fantastiques pour rapporter à un certain roi de Bretagne un objet magique dont ce roi a besoin pour épouser une princesse non moins fantastique et non moins exigeante. Lorsqu'il a réussi toutes les épreuves qui lui avaient été imposées, la princesse exige du roi qu'il soit brûlé vif sur un bûcher. Mais le sorcier, père spirituel du jeune homme, et en même temps son initiateur (d'ailleurs présenté sous l'aspect d'un cheval !), lui fournit une potion dont il s'enduit le corps, ce qui lui permet de sortir non seulement indemne du brasier, mais encore plus beau, plus intelligent, en un mot complè-

1. Récit intégral dans J. Markale, *La Tradition celtique en Bretagne armoricaine,* Paris, Payot, 1975, la dernière partie étant reprise dans les *Contes de la Mort des pays de France, op. cit.*

tement *régénéré.* C'est alors que l'exigeante princesse oblige le roi de Bretagne à subir la même épreuve. Evidemment, le roi périt dans le bûcher. Et la princesse épouse le héros de l'aventure, transfiguré et passé à un plan supérieur de conscience, ayant franchi toutes les étapes de l'initiation et ayant ainsi exorcisé la mort[1]. On se trouve plus que jamais entre *Deaths and Entrances*.

Cet étrange récit est incontestablement l'une des réminiscences folkloriques du rituel de *Samain* où la régénération de la puissance royale passe par l'épreuve du feu dans lequel périt le roi — le « vieil homme » — pour renaître sous un aspect plus dynamique, entraînant avec lui l'ensemble de la communauté qu'il régit, et rappelle le thème de « la maison de fer chauffée à blanc » tel qu'il se présente dans le récit irlandais de *L'Ivresse des Ulates* et dans la seconde branche du *Mabinogi* gallois. Et il y a bien des contes de ce genre, non seulement dans la tradition bretonne armoricaine, mais dans toutes les légendes merveilleuses colportées depuis des siècles par voie orale à travers toute l'Europe occidentale. Une fois de plus, le *solve et coagula* du Grand œuvre alchimique est de règle : exorciser la mort, c'est se dissoudre en elle pour mieux renaître à un état supérieur.

Est-il besoin d'être « initié » pour franchir les étapes de cette « mort et résurrection » ? La question se pose, mais elle ne peut guère être résolue. Certes, le *Bardo-Thodol,* ce « Livre des morts » des Tibétains, insiste sur cette lente initiation qui permet, au moment où l'âme prend son envol hors du corps, d'éviter les fâcheuses et terrifiantes rencontres d'êtres démoniaques qui s'acharnent à dérouter les nouveaux défunts sur les chemins de l'Autre Monde. Et le *Bardo-Thodol* de prescrire des remèdes contre les fantasmes en tout genre qui assaillent l'âme surgie d'un corps

1. Récit intégral dans J. Markale, *La Tradition celtique en Bretagne armoricaine, op. cit.*

matériel et encore revêtue des puissances trompeuses de l'illusion d'exister... Mais, encore une fois, la tradition celtique se montre beaucoup plus prudente à cet égard, allant jusqu'à dire que le contact avec l'invisible se fait tout naturellement sans qu'il soit nécessaire d'y être préparé.

La leçon qu'on doit retirer du récit irlandais des *Aventures de Néra* est qu'on pénètre dans l'Autre Monde sans le savoir, et surtout sans s'y attendre. Quand Néra, ayant écarté les fantômes qui peuplent la nuit de *Samain,* pénètre, sur l'injonction du roi Ailill, dans la « Maison des Tortures » pour lier un brin d'osier autour de la cheville d'un pendu, il ne sait pas qu'il bascule en une autre dimension, en un autre temps, en une autre perception des choses. Il faudra que ce soit la femme du *sidh* avec laquelle il vit qui lui dévoile le mystère, lui permettant ainsi d'établir un pont entre les deux mondes, de préserver les siens d'un sort funeste et de trouver pour lui-même un équilibre et une prospérité remarquables.

Ce concept de « décrochage », obtenu naturellement sans le recours à une quelconque substance hallucinogène, on le retrouve constamment dans l'abondante œuvre romanesque de l'Américain Edgar Rice Burroughs, le célèbre créateur de la non moins célèbre série des *Tarzan.* C'est peut-être dans le premier épisode du cycle dit de John Carter, traduit en français sous le titre de *Le Conquérant de la planète Mars,* que l'audace métaphysique du romancier va le plus loin. Le héros, le capitaine sudiste John Carter, est un homme vieillissant. Un soir qu'il chevauche dans les régions les plus reculées de l'Arizona, il est saisi de faiblesse et se réfugie à l'entrée d'une grotte où il s'étend, complètement épuisé. La nuit vient de tomber. Les étoiles brillent. La planète Mars est rougeoyante, dans le maximum de sa puissance lumineuse. Tout à coup, le héros sent qu'il surgit hors de son corps. Il se met debout et voit son cadavre allongé sur le sol, et il est alors happé par les rayons lumineux qui émanent de la planète Mars.

C'est sur cette planète qu'il se pose, parfaitement vivant, au milieu d'un monde qui lui paraît d'abord étranger mais avec lequel il se familiarisera très vite. Il vivra d'étonnantes aventures, y connaîtra l'amour total et absolu avec une « Martienne » et, au moment le plus tragique de l'histoire, quand il s'agira pour lui de sauver tous les habitants de Mars menacés de mort par suite du sabotage de l'usine qui produit de l'air respirable sur la planète, il sombrera dans l'inconscience et se retrouvera dans son corps ancien, à l'entrée de cette grotte de l'Arizona, son esprit encombré de tous les souvenirs qu'il a accumulés pendant son séjour mouvementé en dehors de l'espace terrestre. Rêve ou réalité ? L'auteur ne conclut pas, mais dans le second épisode de ce même cycle de John Carter, il nous montrera le héros en extase, pendant la nuit, sous le rayonnement insidieux de Mars, mettant toute son énergie vitale dans cette contemplation, et finalement se retrouvant sur la « planète rouge » pour de nouvelles aventures.

Franchir les frontières des deux mondes, et cela depuis l'un et l'autre côté, avec possibilité de retour. Tel est le rêve de l'humanité depuis l'aube des temps. C'est ce que met en évidence Edgar Rice Burroughs. C'est un romancier qu'on peut classer comme « populaire », toujours à mi-chemin entre la science-fiction et le fantastique, mais qui n'est jamais à cours de connaissances métaphysiques et mythologiques. On retrouvera tout cela dans de nombreux films du cinéma américain, y compris dans des ouvrages de série « B » consacrés aux monstres d'*Halloween ;* là, cependant, seul le sujet de départ est lié aux mythes qui sous-tendent la fête de *Samain,* et le reste n'est qu'exploitation mercantile des fantasmes terrifiants qui assaillent l'imaginaire humain.

Il est heureusement d'autres films, européens ceux-là, qui restituent à *Samain* et à *Halloween* leur véritable dimension, et sans le dire expressément, simplement en le suggérant de façon subtile. L'œuvre du cinéaste André Delvaux, fils du célèbre et énigmatique peintre symboliste — et finalement surréaliste — belge Paul Delvaux, en est un exemple, en particulier son film intitulé *Un soir, un train.* Le thème de fond est constitué par les problèmes internes d'un couple, un homme et une femme qui s'aiment en profondeur mais qui ont certaines difficultés à vivre leur amour au quotidien, le tout dans un environnement qui fait allusion aux querelles linguistiques entre Wallons et Flamands. La femme doit prendre un train pour aller rejoindre sa famille. Le mari, brillant professeur d'université (magnifiquement interprété par Yves Montand), va la rejoindre *in extremis* dans ce train, et la femme en est tout heureuse. A un moment, le mari sort du compartiment et va dans le couloir du wagon. Alors, le bruit lancinant des roues du train sur les sections de rail s'interrompt. Le train roule toujours, mais sans aucun bruit, puis il s'arrête en pleine campagne flamande, en un paysage désolé. Le mari se trouve alors seul avec un vieux philosophe qu'il connaît vaguement et un jeune homme. Il n'y a personne d'autre. Ils entreprennent alors une marche fantastique à travers des dunes, des marécages et des fondrières, puis parviennent à une ville silencieuse où rien ne semble vivant, sauf une taverne bruyante dans laquelle tous trois se réfugient. L'atmosphère y est étrange, malsaine, même, accentuée par la présence d'une belle et étrange servante au nom significatif de Moïra[1]. Enfin, tout bascule, et le mari se retrouve au milieu du bruit et de l'agitation, des fumées et des sirènes de pompiers. Une infirmière le soutient. Il n'a rien. Il est seulement commotionné. Il comprend alors que le train a déraillé. Et on le conduit dans une morgue improvisée où il s'effondre en larmes sur le corps de sa femme.

Rêve (plutôt cauchemar) ou réalité ? Le cinéaste ne le dit

1. Le nom de *Moïra* est ambigu. Il est à la fois grec et gaélique. En grec, il désigne l'une des trois « Moires », c'est-à-dire l'une des trois « Parques ». Elle personnifie le Destin. Et, curieusement, en langue gaélique, c'est un des noms de la Vierge Marie.

pas, mais il n'en pense pas moins, laissant le soin au spectateur de décider quelle est la solution. Mais, de toute évidence, cette histoire se passe durant le temps de *Samain,* quand le monde des morts est ouvert aux vivants et le monde des vivants aux défunts. Et le héros de ce film, sans le savoir, a accompli l'exorcisme : il est allé dans l'Autre Monde, sans doute en l'espace d'une fraction de seconde. Mais qu'est-ce qu'une fraction de seconde devant l'éternité qui est précisément la caractéristique de *Samain* ? Et il en est revenu.

Mais cette expérience se fait la plupart du temps en solitaire. Le héros du film de Delvaux est le seul à être revenu. Ses deux compagnons d'errance à travers l'Autre Monde se sont évanouis dans le brouillard. Quant à sa femme, elle était déjà morte quand s'est produite la « fracture » entre les deux univers. Eurydice non plus n'était pas remontée des Enfers, et seul Orphée, en dépit de son chagrin, a accompli le voyage initiatique.

Car le passage dans le monde d'*Halloween* est réellement un voyage initiatique. On n'en revient pas innocent. Mais être seul ne signifie pas qu'il n'y ait pas un guide, un initiateur, celui qui provoque la quête et qui, caché parfois dans l'ombre, surveille les allées et venues du néophyte dans ce labyrinthe qu'est l'Autre Monde. Cela est tout à fait conforme à la technique du voyage chamanique : l'apprenti chaman se lance dans un long parcours vers le point central du labyrinthe, mais il doit franchir des étapes qui se révèlent souvent dangereuses, et le maître chaman est là soit pour le tirer d'affaire, soit pour lui montrer, sans pour autant le contraindre, qu'il existe d'autres chemins.

C'est le thème central d'un roman du Britannique John Cowper Powys, *Maiden Castle,* traduit en français sous le titre de *Camp retranché.* Powys était purement anglais, malgré son nom qui est celui d'une des provinces du pays de Galles, mais il se disait plus gallois que les Gallois eux-mêmes, et s'était lancé à corps perdu dans la mythologie celtique, se prétendant même la réincarnation du célèbre barde Taliesin. Dans *Maiden Castle,* il présente un personnage du nom de Dud No-Man qui, sous l'influence d'une sorte de philosophe un peu fou nommé Uryen, rôde sans cesse sur la forteresse celtique de l'Age du Fer appelée précisément *Maiden Castle,* à la recherche d'on ne sait trop quoi, et qui côtoie sans cesse des êtres dont la réalité n'est pas certaine. Tout est ici à clef philosophique et mythologique. *Maiden Castle,* littéralement « forteresse des filles », c'est le fameux « Château des Pucelles » si important dans les étapes de la Quête du saint Graal, et c'est aussi l'*Emain Ablach* de la tradition irlandaise et l'équivalent d'Avalon, l'île des Pommiers de la légende arthurienne. Quant aux noms des héros, ils sont très significatifs : *Dud,* en gallois et en breton, signifie « quelqu'un » ; No-Man, en anglais, signifie « ne personne » au sens négatif. Dud No-Man est donc *un individu qui n'est pas encore une personne* et qui cherche à le devenir par son errance initiatique dans une sorte d'Autre Monde. Et il est guidé par cet Uryen, nom que porte un personnage de la légende arthurienne, mais que, sous l'influence certaine d'André Gide, auteur d'un *Voyage d'Uryen,* Powys considère comme un jeu de mots français, *du rien.* Si l'on comprend bien, le héros ne cherche *rien,* mais il risque de découvrir *tout* au cours de ses multiples séjours sur la « Terre des Fées », autrement dit le *sidh* irlandais, au milieu des ombres imprécises d'*Halloween.*

Ce thème de l'initiation est encore très présent dans un roman à mi-chemin entre le fantastique et la science-fiction de Ray Bradbury, *The Halloween Tree (L'Arbre d'Halloween)* où l'on voit, le soir du 31 octobre, une bande d'enfants rechercher un de leurs camarades. Mais celui-ci s'est juché sur un arbre magique, et de là, il a la vision de tous les enfants qui, dans différentes parties du monde célèbrent *Halloween* dans la joie et la bonne humeur. Et là, il semble s'imprégner de ce rituel et comprendre réellement de quoi il s'agit.

Il descendra de son arbre comme si lui-même avait accompli le périple dans l'Autre Monde. En effet, les grotesques, bruyants et joyeux cortèges des enfants pendant la soirée d'*Halloween,* l'évocation des monstres surgis de l'enfer, des sorcières et des magiciens hideusement parés de leurs turpitudes, tout cela n'est qu'une matérialisation — consciente ou inconsciente — de ce qui se passe au fond de l'âme de tout être humain. C'est une façon comme une autre d'exorciser, parfois par le rire et la moquerie, toujours par la dérision, le tragique de la destinée humaine. On dit que le rire est salvateur parce qu'il manifeste une volonté de défense contre l'inacceptable. On dit également que le grotesque réduit l'adversaire, en l'occurrence la Mort, à sa juste dimension, laquelle ne vaut pas la peine d'être mesurée tant elle est inconsistante et somme toute insignifiante.

Mais l'exorcisme contre la mort peut s'accomplir dans une tout autre atmosphère, celle de la sérénité. Toute l'œuvre romanesque de Julien Gracq, cet écrivain inspiré qui se présente comme un héritier à la fois de Chateaubriand, des romantiques allemands et des surréalistes, est une méditation *sereine* sur les thèmes de *Samain* et d'*Halloween.* Dans *Le Château d'Argol,* ainsi que dans *Un Beau Ténébreux,* Gracq conduisait ses personnages sur des zones frontières très mouvantes où l'on ne savait pas distinguer le réel de l'imaginaire. Dans *Le Rivage des Syrtes* [1], il allait encore plus loin, montrait de manière très visuelle, et même très sensuelle, l'attente angoissée mais impatiente des humains en proie à un désir fou de connaître les mystères interdits dissimulés au-delà des marécages (les Syrtes) en quelque pays fabuleux toujours inaccessible sans le déclenchement volontaire d'une action *vers les ailleurs,* avec tous les risques qu'une telle attitude peut induire.

1. Paris, éd. José Corti, 1951. Le prix Goncourt fut attribué cette année-là à cet ouvrage, mais l'auteur, qui venait de publier un essai démontrant l'inanité des prix littéraires, le refusa catégoriquement.

C'est cependant dans une courte nouvelle, *Le Roi Cophetua*[1], insérée dans son recueil *La Presqu'île,* que Julien Gracq illustre parfaitement, par le mythe et le symbole, l'esprit qui anime les manifestations d'*Halloween.* L'histoire est très simple. Pendant la Première Guerre mondiale, le personnage central part de Paris pour aller rendre visite à l'un de ses meilleurs amis, mobilisé dans l'armée et engagé dans les combats qui se déroulent au nord-est de la capitale, mais qui, à l'occasion d'une permission, l'a invité dans son manoir situé quelque part du côté de la forêt de Compiègne. Le visiteur sort donc du train et se dirige vers la manoir. Là, il est accueilli par une jeune et troublante servante qui lui déclare que son ami n'est pas encore là, mais qu'il doit arriver incessamment. Elle lui prépare un dîner et l'emmène dans sa chambre. L'ami ne vient toujours pas et l'on entend le bruit sourd du canon dans le silence de la nuit. La guerre est présente, non loin de là mais, dans le manoir, tout est calme, comme si le temps s'était arrêté. Il se produit alors un échange subtil et très trouble à la fois entre la servante et le visiteur. Tous deux font l'amour presque toute la nuit. Et le matin, l'ami n'est toujours pas là. Le visiteur prend congé de la servante, quitte le manoir et se rend à la gare. Là, il s'aperçoit que c'est le jour des Morts.

Tout est dit — et n'est pas dit — dans ce récit d'une admirable sobriété. Quel était ce manoir perdu en lisière d'une forêt, sous la menace permanente des engins de guerre qui grondaient à la fois proches et lointains ? L'ami était-il mort ou vivant ? Et surtout à quel monde appartenait cette énigmatique et troublante servante ? Julien Gracq ne donne aucune solution, laissant au lecteur le soin de décider en sa propre âme et conscience.

1. Ce récit a été adapté et transposé — considérablement allongé d'ailleurs — par André Delvaux dans un étrange film intitulé *Rendez-vous à Bray* (1963). Il n'est pas étonnant qu'André Delvaux ait porté son choix sur ce texte qui correspondait à la plupart de ses thèmes favoris.

De toute évidence, le héros de l'histoire n'est pas sorti indemne de cette expérience vécue dans la nuit de *Samain,* ou d'*Halloween,* si l'on préfère. Il ne sera plus jamais comme avant. Il a parcouru les étranges lisières où Béatrice conduisait Dante, hésitant entre l'Enfer et le Paradis, et où les visions du passé se confondaient avec celles de l'avenir. Il a pénétré dans la grotte où Nerval croyait apercevoir la Fée — ou la Sainte, de toute façon, c'était la treizième et c'était encore la première, — qui l'invitait à partager les secrets de l'Autre Monde. *Deaths and Entrances, Morts et Initiations.* Tout est contenu dans les apparentes mascarades d'*Halloween.*

Cela, parce que le sacré est inséparable du profane et que la mémoire populaire, toujours rebelle aux idéologies dominantes, a conservé en ses plus intimes profondeurs et restitué en certaines occasions un état de nature si cher à l'utopiste Jean-Jacques Rousseau, à savoir, en dehors du temps et de l'espace, la fraternité universelle des êtres et des choses.

Auzon
Juin 2000

BIBLIOGRAPHIE

H. d'Arbois de Jubainville, *Le Cycle mythologique irlandais,* Paris, 1884.

Alexandre Bertrand, *La Religion des Gaulois,* Paris, 1897.

Yann Brekilien, *La Mythologie celtique,* Paris, 1980.

Henri Dontenville, *La Mythologie française,* Paris, 1973.

Georges Dottin, *La Religion des Celtes,* Paris, 1904.

— *L'Epopée irlandaise,* nouv. éd., Paris, 1980.

Mircea Eliade, *Histoire des croyances et des idées religieuses,* t. III, Paris, 1983.

James Frazer, *Le Rameau d'Or,* nouv. éd., Paris, 1983-1984.

Claude Gaignebet, *Le Carnaval,* Paris, 1974.

Dom Louis Gougaud, *Les Chrétientés celtiques,* Paris, 1911.

Ch. Guyonvarc'h, *Textes mythologiques irlandais,* Rennes, 1980.

Guyonvarc'h-Le Roux, *Les Druides,* Rennes, 1978.

— *Les Fêtes celtiques,* Rennes, 1995.

Joseph Loth, *Les Mabinogion,* nouv. éd., Paris 1979.

Olivier Loyer, *Les Chrétientés celtiques,* Paris, 1965.

Jean Markale, *La Tradition celtique en Bretagne armoricaine,* Paris, 1975.

— *Le Christianisme celtique et ses survivances populaires,* Paris, 1983.

— *Le Druidisme,* Paris, 1985.

— *L'Epopée celtique d'Irlande,* nouv. éd., Paris, 1993.

— *Contes de la Mort des pays de France,* Paris, 1994.

— *La Grande Epopée des Celtes,* 5 vol. Paris, 1997-1999.

— *Nouveau Dictionnaire de mythologie celtique,* Paris, 1998.

Salomon Reinach, *Cultes, Mythes et Religions,* 4 vol. Paris, 1905-1912.

Léopold-François Sauvé, *Le Folklore des Vosges,* nouv. éd., Rosheim, 1984.

Paul Sébillot, *Le Folklore de la France,* nouv. éd., 8 vol. Paris, 1982-1986.

Jules Toutain, *Les Cultes païens dans l'Empire romain,* vol. III, Paris, 1921.

Arnold Van Gennep, *Manuel de Folklore contemporain,* Paris, 1935-1947.

Revue celtique, Paris.

Ogam, Rennes.

Revue de l'Histoire des religions, Paris.

Revue des Traditions populaires, Paris.

TABLE DES MATIERES

Édition exclusivement réservée aux adhérents du Club
Le Grand Livre du Mois
15, rue des Sablons
75116 PARIS
réalisée avec l'aimable autorisation des Éditions Imago

Achevé d'imprimer en septembre 2001
Les Presses Littéraires
66240 Saint-Estève

N° d'impression : 19171
Dépôt légal : septembre 2001